AF232254

# RÉSUMÉ

## DE LA

## SITUATION MORALE ET MATÉRIELLE DE L'ALGÉRIE

PAR

## A. WARNERY,

*Ex-Rédacteur en chef de l'*AFRIQUE *(Esprit Public.)*

———

(Flagellés à la fois par la verge du despotisme
et la marotte de la Folie.)

**LETTRE À UN COMMIS.**

## Prix : 50 centimes.

## SE VEND

CHEZ TOUS LES LIBRAIRES DE PARIS, LYON, MARSEILLE ET D'ALGÉRIE.

———

PREMIÈRE ÉDITION, 10,000 EXEMPLAIRES.

## 1847

# NOTE IMPORTANTE.

Au moment de mettre sous presse, nous apprenons que TREIZE négocians d'Alger, sans doute influencés par M. le gouverneur général, viennent d'adresser aux ministres une note par laquelle ils réclament la *colonisation militaire.*

Nous pensons que les signataires n'ont agi qu'en leur nom personnel ; car s'ils avaient consulté les sympathies, les besoins et le passé des populations algériennes, ils ne se seraient pas exposés à des protestations qui ne tarderont point à se produire.

On a peine à comprendre que des hommes sérieux, des citoyens libres réclament l'organisation d'un système dont les conséquences forcées sont : l'accaparement des terres par l'armée et l'anéantissement complet de la population civile.

Nous ne nommerons pas aujourd'hui les signataires de cette note, convaincus qu'ils ont eu la main forcée, et qu'ils regrettent déjà l'imprudence de leur déplorable démarche.

M. le gouverneur général s'accroche à toutes les branches, mais sa main ne se crispe qu'après des tronçons sans consistance qui ne lui permettront pas de se soutenir longtemps sur l'abîme qu'il a creusé lui-même.

Cette première brochure sera suivie d'une seconde dans laquelle nous passerons en revue les actes et les hommes du gouvernement algérien central et local; notre critique sera, comme celle-ci, appuyée sur des faits dont nous avons les preuves en main. — Nous nous mettons à la disposition de MM. les Membres des deux Chambres, qui désireraient s'éclairer sur la situation de l'Algérie.

PARIS. — IMPRIMÉ PAR E. BRIÈRE, RUE SAINTE-ANNE. 55.

# AVANT-PROPOS.

## AU PAYS, AUX CHAMBRES ET A LA PRESSE.

La question d'Afrique n'est point une question de parti ; pour la juger saînement, il faut se dépouiller de toute influence politique, il faut repousser loin de soi toute prévention contre les hommes et contre les choses ; il faut, embrassant le tout et non la partie, voir l'ensemble et ne pas se préoccuper de la question individuelle ; il faut chercher partout la vérité et stigmatiser énergiquement des tendances funestes et désastreuses.

Telles sont les pensées qui nous ont dirigé dans la rédaction de cet opuscule ; dire ce que nous avons vu, faire connaître les causes de dépérissement ou de *statu quo*, voilà où nous espérons arriver.

Loin de nous toute pensée hostile contre le pouvoir réel ; nous savons qu'il n'est pas éclairé, nous savons que l'on surprend souvent sa religion ; c'est à nous à lui dessiller les yeux et à lui faire sonder le précipice vers lequel on l'entraine avec une si coupable inconséquence.

Nous faisons bon marché du mérite littéraire de notre œuvre ; notre but sera atteint si les membres des trois pouvoirs veulent lire avec attention un résumé qui n'est entaché ni de passion ni de partialité.

La première édition de notre opuscule sera tirée à 10,000 exemplaires ; nous espérons que les hommes sérieux trouveront dans les faits que nous révélons une leçon pour l'avenir.

A. WARNERY.

## I.

## SITUATION MORALE ET MATÉRIELLE DE L'ALGÉRIE.

Au moment où les Chambres vont s'occuper du budget de l'Algérie, il est intéressant d'analyser la situation morale de cette contrée et de dire quelle est sa position matérielle.

Avant d'entreprendre cette œuvre aussi délicate qu'utile, nous nous sommes promis d'éloigner de notre esprit tout sentiment d'égoïsme, de passion et de partialité.

L'Algérie n'est pas une de ces conquêtes qu'un grand peuple puisse jamais abandonner ; la question politique est liée à la grande question de civilisation, c'est-à-dire qu'il y a nécessité d'arracher à la barbarie un pays magnifique, et d'offrir à l'activité européenne un nouvel aliment, une contrée riche où l'exubérance de sa population pourra vivre et prospérer.

Les instincts, chez les différentes nations, ne se révèlent que dans des circonstances impérieuses ; jusqu'à présent la France est restée dans ses limites naturelles ; les efforts accidentels qu'elle a faits pour établir ses enfans au-delà des mers ont été infructueux, ou n'ont pas été soutenus et encouragés par la volonté et les sympathies des gouvernemens.

Mais, aujourd'hui, la position n'est plus la même : la paix a développé des ɔesoins immenses, et qui de jour en jour deviennent plus impérieux, en raison surtout de l'accroissement de la population.

Nous croyons que l'on oublie trop dans les Chambres ce point de départ; nous croyons que nos législateurs n'attachent pas à notre conquête du nord de l'Afrique toute l'importance qu'elle mérite.

Ne nous faisons pas illusion : la question algérienne est la question vitale du jour; de sa solution dépendent la paix européenne, la grandeur et la prospérité de la France.

Résumer la situation, tel est le but que nous nous proposons et que nous espérons atteindre en rappelant tous nos souvenirs et en citant des faits, dont le logicisme positif est cent fois préférable à toutes les dissertations séduisantes dont on abuse pour égarer l'opinion publique.

La situation de l'Algérie est précaire, tant sous le rapport moral que sous le rapport matériel.

L'ordre est une condition essentielle de toute œuvre critique ; nous diviserons donc notre examen en deux parties, savoir :

LA SITUATION MORALE ;

LA SITUATION MATÉRIELLE.

---

## SITUATION MORALE.

Tout d'abord, constatons un fait : il n'y a point de législation pour l'Algérie !

Peut-on, en effet, appeler régime législatif un amas incroyable, un chaos infini d'arrêtés locaux ou ministériels et d'ordonnances royales, qui se heurtent, se brisent, et jettent alternativement la confusion et les ténèbres, soit en matières de législation et d'administration, soit en matières judiciaires, commerciales, industrielles ! etc.

Sans remonter aux premiers temps de l'occupation, prenons seulement des exemples depuis 1842, époque de la pacification. — Que voyons-nous? des ordonnances royales qui essaient d'organiser la propriété, et dont la défectuosité et l'arbitraire en rendent l'application impossible.

En 1842, 1844, 1845 et 1846, quatre ordonnances sont frappées d'impuissance et dénotent l'inintelligence, *l'incapacité*, le mauvais vouloir *et l'ignorance* de leurs élaborateurs.—Celle du 1er octobre 1844 soulève toute la population algérienne dont la propriété est menacée ; des pétitions sont envoyées aux Chambres, des adresses parviennent au roi ; enfin le droit, l'équité l'emportent, l'ordonnance est réglementée par celle de 1845 (21 juillet) ; celle-ci devient elle-même une cause d'épouvante et de réclamations énergiques, et, une année plus tard, on sollicite encore la signature royale pour l'œuvre déplorable du 21 *juillet* 1846.

Nous n'entreprendrons pas l'analyse de cette dernière ordonnance, tant de plumes habiles l'ont stigmatisée et écrasée sous les coups impitoyables de la logique des faits et des chiffres, que nous ne ferions que répéter ce que tous les hommes sérieux ont dit : nous rappellerons seulement ses principaux vices.

1° Elle exige que l'origine des terres rurales remonte avant le 5 juillet 1830.

Et il n'existe pas dans toute l'Algérie un seul titre arabe remontant à cette date, et se trouvant en la possession des Européens que l'on a encouragés, à acquérir des Arabes, par l'abolition des *habbous*.

2° Elle investit d'un droit exorbitant un tribunal anormal et exceptionnel, le *Conseil du contentieux*, sorte de Conseil d'État au petit pied, composé d'hommes étrangers à la législation, aux mœurs et aux usages algériens, et qui, depuis une année seulement, ont été implantés dans le pays.

Ce tribunal, créé par l'ordonnance du 15 avril 1845, elle-même annihilée dans ses effets par l'impossibilité d'exécution, vient arbitrairement remplacer les tribunaux ordinaires, seuls compétens en matières civiles.

C'était là une atteinte grave portée à l'art. 64 de la Charte ; aussi, le *Conseil du contentieux* reste impuissant, et l'ordonnance ne peut, heureusement, produire ses effets.

3° Elle oblige par l'art. 20 les détenteurs du sol, dont les titres auront été vérifiés et homologués par le tribunal exceptionnel (Conseil du contentieux), à faire des dépenses qui porteraient le prix de la terre hors de proportion.

Ainsi, par chaque vingt hectares, il faut construire pour 5,000 fr. de bâtimens, il faut planter six cents pieds d'arbres ; enfin, il faut établir une famille, c'est-à-dire sacrifier 1,000 fr. par hectare.

Tous ces travaux, toutes ces dépenses doivent être faits *en six mois et un an*, sous peine de dépossession.

C'est monstrueux ! c'est de l'ignorance, de l'incapacité, ou c'est pis encore !

Comme on le voit, l'ordonnance du 21 juillet voulait, sous prétexte d'organiser la propriété, déposséder en grand les détenteurs actuels, et cela quand elle avait la prétention de rassurer les intérêts et de réparer les fautes de sa devancière du 1er octobre 1844.

Un arrêté ministériel du 2 novembre 1846 est venu abroger la généralité des dispositions d'une ordonnance royale reconnue inapplicable et funeste ; mais cet arrêté est *inconstitutionnel* et se trouve frappé d'impuissance ; nous ne nous en occuperons pas.

Est-ce là de la législation ? Est-ce ainsi que l'on prétend organiser un pays comme l'Algérie ?

Comment ! en quatre années, quatre essais désastreux et funestes auront été tentés : toute une population aura été mise en émoi, le crédit éteint, la propriété individuelle menacée, et on nommera cela un système législatif !

Nous l'appelons, nous, un principe de désordre, d'anarchie, une cause de dépérissement de la fortune publique.

Qu'ont produit tant de tâtonnemens et d'expériences ruineuses ? une panique universelle ; le prix des capitaux est devenu exorbitant ; à Alger, l'escompte se fait aujourd'hui à 30, 40 et 50 pour cent.

Si l'on veut considérer la position des détenteurs du sol en présence d'une législation aussi mobile qu'immorale, si l'on veut examiner de près le recueil des ordonnances et des arrêtés sur la propriété, on sera tenté de croire que les hommes qui les ont conçus et ceux qui en ont endossé la responsabilité avaient le vertige, à moins qu'on ne préfère les accuser d'avoir voulu confisquer la propriété individuelle.

On n'a pas été plus heureux en légiférant le principe administratif, et on a été tout aussi aveuglé, tout aussi capricieux.

Aux intendans civils ont succédé les commissaires civils, les directeurs civils, les directeurs et sous-directeurs de l'intérieur, les directeurs des domaines, des douanes, des travaux publics, etc. ; enfin, l'ordonnance royale du 15 avril 1845 s'est complue, avec l'aide de *MM. Vauchelle* et *Blondel,* à créer une *Direction générale des affaires civiles,* le *Conseil du contentieux,* et mille autres inutilités ou au moins créations inopportunes et surtout anormales.

S'il nous fallait analyser les prétendues fonctions de tous ces sinécuristes malveillans, incapables et indolens, ce ne serait point un opuscule, mais un ouvrage de plusieurs volumes qu'il nous faudrait produire.

Administrativement, la machine est vicieuse ; législativement, elle est déplorable, funeste et inconstitutionnelle. En veut-on de nouvelles preuves ? en voici :

La magistrature est amovible ; par contre, les magistrats ne sont point indépendans ; ils ne peuvent inspirer cette confiance et cette foi que les justiciables doivent avoir en leurs juges. Ce n'est pas tout, il n'y a point de hiérarchie, ou plutôt elle est intervertie. Un procureur-général remplit à Alger les fonctions de ministre de la justice ; il est placé plus haut que le président de la Cour royale ; il accorde ou il refuse les congés, même à son président, qui est sous sa dépendance absolue ; aussi n'y a-t-il pas d'unité dans le corps judiciaire... Nous n'oserions affirmer que les tribunaux algériens soient indépendans, surtout lorsqu'ils ont à statuer sur des contestations entre l'autorité et les particuliers.

Et puis ils sont incomplets :

Le barreau n'existe pas ; des défenseurs, avoués, agréés et avocats à la fois sont tellement accablés par la multiplicité des affaires qu'il leur est difficile, pour ne pas dire impossible, d'accorder à chacune l'attention qu'elle mérite.

Nous avons vu des tribunaux à Philippeville, et à Bone particulièrement, ne pouvoir tenir l'audience. Le président se trouvait en congé de convalescence, le procureur du roi était malade, et les juges ne pouvaient siéger.

Quelle sécurité pour les populations ? Quel respect peut entourer la justice ? Quels exemples met-on sous les yeux d'une population barbare que l'on veut civiliser ?...

Le corps des officiers ministériels offre-t-il au moins plus de garanties ? Non. La vénalité des charges n'a pas été accordée, mais elle existe de fait.... Les charges s'achètent, mais ce n'est pas toujours les titulaires sortans qui en perçoivent le prix.

L'intrigue et la vénalité (non pas celle des offices) s'ébattent à leur aise en Algérie ; quelques personnes même prétendent que certains bureaucrates de la rue Saint-Dominique ne sont pas étrangers aux nominations scandaleuses qui ont jeté entre les mains de gens d'une moralité et d'une capacité très-équivoques des charges qui rapportent jusqu'à 40 mille francs par an.

Le système législatif n'a pas été plus généreux envers la liberté DE LA PRESSE. LA CENSURE est en honneur en Algérie. Un instant M. le gouverneur-général, espérant tuer un organe algérien qui se publiait à Paris, accorda aux feuilles locales une liberté problématique ; mais, son but manqué, il fit rétablir la *censure.*

L'*Echo de l'Atlas* fut frappé le premier ; il exhala son dernier soupir en protestant. Le *Courrier d'Afrique*, qui voulut discuter l'ordonnance du 21 juillet 1846, fut écrasé. La *France Algérienne*, séïde de l'administration militaire, n'osa pas elle-même continuer sa publication.

On alla même jusqu'à intercepter les journaux l'*Afrique* et la *Presse*, dont les dures vérités et les allures indépendantes causaient de désagréables insomnies aux néfastes sinécuristes de l'Algérie.

Comme on le voit, la colonie n'a *ni législation normale et constitutionnelle, ni administration capable, ni magistrature inamovible, ni liberté de la presse.* Un homme de sens et de conscience pensera-t-il qu'avec une telle organisation les choses peuvent bien marcher ? Mais continuons, car nous n'avons pas tout dit encore.

Toutes les branches de l'administration, depuis le plus haut jusqu'au plus bas fonctionnaire, sont envahies par les plus déplorables nullités ou par des hommes que le dégoût rend inhabiles et l'arbitraire incapables.

L'anarchie est partout, dans les bureaux de la guerre à Paris comme dans ceux des chefs algériens.

Les affaires ne reçoivent point de solution ; les rouages sont tellement mal combinés, qu'il faut des années entières à l'administration pour répondre à la moindre demande, pour prendre la plus simple détermination.

Nous donnerons, dans la seconde partie de notre examen, des exemples de la déplorable incurie du gouvernement algérien ; nous citerons des faits bien connus, qui prouveront que le régime exceptionnel ruine toutes les espérances,

annihile tous les efforts des hommes assez aventureux pour oser se créer des
intérêts sur la plage africaine.

Nous n'avons envisagé la situation morale que sous un point de vue particulier ; effectivement, nos critiques n'ont pesé que sur l'organisation civile; il
est donc utile de signaler les dangers et les excès du gouvernement militaire.

L'opinion en France, celle même des législateurs, a été égarée par les bul-
letins algériens ; tantôt des combats de géans, tantôt des *razzias* monstres in-
quiétaient les esprits et faisaient croire à l'impossibilité de dompter le peuple
arabe ; personne ne chercha le fond des choses, et jusqu'en 1844, on crut
l'Algérie tourmentée par les insurrections, on crut à une conquête avortée.

Quelques feuilles indépendantes s'élevèrent contre ce système pernicieux
de voiler la vérité, elles dirent haut et elles signalèrent l'état réel du pays ;
en un mot, elles levèrent le voile ténébreux dont l'autorité militaire s'entoure
pour cacher au pays la situation de sa colonie.

Depuis 1842, la pacification est complète, la sécurité incontestable; quelques expéditions, il est vrai, ont rompu la monotonie de cette prétendue
guerre ; les grottes du *Dahra*, la boucherie de *Sidi-Brahim*, l'épisode désolant du massacre de nos prisonniers, la présence d'Abd-el-Kader aux Issers,
ont jeté l'alarme et sont venus fort à propos pour rendre au pouvoir militaire sa prépondérance et son audace.

Lors de la course d'Abd-el-Kader aux Issers, le gouverneur général saisit
avec empressement cette occasion pour mobiliser la milice, et cette mobilisation fut le coup le plus funeste porté à l'élément civil.

Le crédit qui commençait à naître, la confiance qui s'infiltrait dans la métropole disparurent : des créations urgentes furent abandonnées ; ainsi, le
comptoir de la Banque de France, le chemin de fer de Blidah, les monts-de-
piété, les caisses hypothécaires, tous ces projets, presque réalisés, furent
anéantis ; la panique s'empara des capitaux, et les escomptes qui, vers la fin
de 1844 et en 1845, se faisaient à 10 et 12 pour cent sur papier de place,
et à 6 et 7 pour cent sur papier de France, montèrent immédiatement à 20,
30, 50 et trop souvent 60 pour cent,

L'autorité militaire fut satisfaite ; elle venait de porter un coup mortel à la
spéculation, à la colonisation, à l'élément civil.

Disons-le, tous ces événemens se sont accomplis au moment où la législature commençait à s'occuper de l'avenir politique, social et matériel de l'Algérie ; mais une volonté occulte repoussait tout progrès, toute amélioration,
sous ce ridicule prétexte souvent répété :

*Les institutions civiles appauvrissent les États* (1) ! !

Aussi, aujourd'hui, la législation, l'administration, l'élément civil sont-ils
sous la dépendance absolue d'un pouvoir qui ne rêve que *combats, razzias et
colonisation militaire.*

Quels ont dû être les effets d'une marche aussi irrationnelle, aussi mons-
trueusement anti-sociale ? Disons-le : évidemment le retrait de la confiance,
la disparition du crédit, le rappel des capitaux !

C'est en vain que des hommes énergiques ont voulu lutter contre l'entraî-
nement général ; c'est en vain que des hommes sérieux ont proclamé la vérité, ont dévoilé le but secret de l'autorité militaire, le coup était porté, et les
effets devaient s'accomplir.

On a ménagé l'*émir*, parce qu'il était un moyen de perpétuer l'état alarmant,
parce que sa présence motivait celle d'une armée de cent mille hommes et
d'une autorité absolue, tyrannique et anti-progressive.

Mais si l'on se pénètre de cette vérité, que l'émir n'est qu'une ombre, qu'il
ne dispose pas de 500 bons cavaliers ; qu'en présence d'un adversaire si pi-
toyable, on entretient une armée qui coûte 100 millions à la France, on com-

_______________

(1) Ce sont les propres expressions de M. le gouverneur général.

prendra qu'il y a là un but caché, une volonté de tromper le pays et de lui imposer d'éternels sacrifices pour le plus grand avantage de quelques sabreurs et de quelques vénalités éhontées.

Les révoltes ne tiennent pas, comme on le croit à tort, au fanatisme inspiré par l'émir ou les marabouts ; il faut qu'on le sache bien, les insurrections ne sont en général que le résultat des persécutions, des exactions, des *razzias* commandées et exécutées trop souvent avec une cruauté inouïe.

On a accusé les arabes de férocité ; nous le disons avec douleur, il est tels épisodes qui ne sont pas connus et dont les détails feraient frémir d'indignation la nation généreuse dont les enfans se transforment trop souvent en bourreaux.

Nous parlions tout à l'heure des grottes du Dahra, ce qui s'est passé là se renouvelle à chaque razzia ; des femmes, des enfans, des vieillards sont impitoyablement égorgés dans ces expéditions monstrueuses et impolitiques.

Ce sont là les causes des insurrections, ce sont là les motifs déterminans des vengeances et des massacres exercés par des hommes barbares, il est vrai, mais qui défendent leur indépendance et leurs foyers.

Nous ne nous posons point comme les champions, les défenseurs du caractère arabe, mais nous signalons les causes réelles des révoltes, qu'avec un système protecteur, une fermeté énergique, l'on pourrait conjurer.

Le pouvoir militaire est ennemi de toute perfection ; pour lui, l'Algérie est un théâtre où il veut perpétuer sa déplorable omnipotence ; pour lui, la colonisation civile est un ennemi mortel, parce que son établissement lui enlève des lauriers.

Aussi cherche-t-on par les manœuvres les plus coupables à cacher la vérité au gouvernement et à la nation ; anssi emploie-t-on les plus misérables, les plus honteux prétextes pour jeter la discorde entre l'élément civil et l'élément militaire.

C'est par suite de cette pensée égoïste qu'à Alger les déceptions les plus cruelles sont réservées aux colons, découragent les fonctionnaires civils, annihilent leurs efforts, et convertissent, asservissent, voulons-nous dire, les caractères les plus honorables, les volontés les plus rebelles.

Une lutte constante existe entre les deux autorités ; de là l'anarchie, de là le *statu quo*, de là enfin l'immoralité qui dégénère en épidémie chez certains hommes revêtus d'un caractère public.

Il ne faut pas s'y tromper, le gouvernement militaire veut conserver sa funeste prépondérance ; il brise impitoyablement tout ce qui lui résiste ; il répète à satiété dans ses organes, il soutient du haut de la tribune nationale: que la France n'est point maîtresse de l'Algérie, et que le jour où l'armée occuperait le second rang, la colonie serait perdue !

Nous demanderons à l'autorité militaire ce qu'elle a fait pour la colonie, nous lui demanderons ce qu'elle a créé, ce qu'elle a produit ?

Elle a conquis le pays, soit, mais à quel prix, grand Dieu ! Des trésors immenses, le sang de plus de cent mille soldats ont-ils vivifié la terre africaine ? Non ! L'armée a été courageuse, énergique et digne de la haute mission qu'elle avait à remplir, nous oublions les quelques taches qui obscurcissent les rayons de sa gloire. Mais a-t-elle fondé des établissemens, a-t-elle, par des travaux utiles, jeté les bases de notre domination et de la prospérité du pays ? A-t-elle porté dans tous les esprits la confiance de l'avenir ? Hélas non ! Son passage a été brillant, ses luttes magnifiques, ses périls soutenus avec calme et stoïcisme ; mais rien n'a été créé par elle, rien n'atteste son passage, hormis la sécurité et la terreur qu'elle a répandues sur le champ de bataille.

Son rôle est fini, il n'y a plus de combats à livrer, il n'y a plus de destruction à compléter, il faut maintenant créer, et l'armée est anti-créatrice, anti-socialiste.

Loin de nous la pensée de vouloir rabaisser le mérite de nos soldats ; nous admirons leur courage et leur gloire, mais nous sommes convaincus que leur rôle n'est plus que passif désormais, et que leur mission, après avoir conquis, est de protéger les travailleurs.

Si le pouvoir militaire voulait se dépouiller de ses allures tyranniques, s'il voulait accorder son appui à qui le réclame, s'il comprenait qu'il y a autant d'honneur à cueillir les fruits de la paix que les lauriers de la gloire, nous ne le combattrions pas ; mais il ne veut point se retirer au second plan, il veut occuper la première place, il veut éterniser sa puissance ; pour lui, les trésors de la France sont inépuisables ; il réclame d'immenses sacrifices en hommes et en argent, il repousse toute perfection, tout système qui ne vient pas de lui ; — il est donc temps de le combattre, il est temps d'arrêter sa course vagabonde, et de mettre un terme aux scandales qu'il produit.

La *colonisation militaire*, telle que la veut M. le *gouverneur général*, serait le signal des plus désolans épisodes ; elle entraînerait le gouvernement dans des dépenses et à des sacrifices que la France ne veut pas supporter.

Loin de soutenir les efforts de l'élément civil, elle les annihilerait, elle détruirait les faibles ressources dont il dispose, elle s'emparerait des terres et ne jetterait sur le sol algérien qu'une population sans consistance, sans capacités agricoles, industrielles et commerciales.

Le soldat, quoique fils de laboureur, d'artisan et de commerçant, se trouve, par l'habitude des combats et des déplacemens, incapable de choses sérieuses ; s'il y a des exceptions, elles sont en petit nombre... Et puis, cette population, gouvernée militairement, se lasserait de vivre sous un régime arbitraire, et lorsqu'elle aurait absorbé des sommes énormes, elle s'affranchirait d'un joug oppresseur.

PAS DE MORALITÉ, PAS DE GARANTIES DE CAPACITÉ, PAS ENFIN D'AVENIR RÉEL, TEL EST, EN RÉSUMÉ, LA CONSÉQUENCE INFAILLIBLE DU PLAN PROPOSÉ, DE LA COLONISATION MILITAIRE.

Voilà où nous en sommes arrivés après seize années d'occupation : on cherche les moyens d'éloigner les populations civiles, on décourage le cultivateur, l'industriel, le commerçant, pour avoir le triste honneur de fonder une société sans bases et sans avenir !

Quelques généraux combattent la pensée du gouverneur général : ils proposent d'autres plans, mais ils veulent aussi grever le trésor par des sacrifices considérables ; et malheureusement, tout en préconisant la colonisation civile, ils n'osent pas encore demander le régime de la loi et l'assimilation.

Parmi ces généraux, se distinguent MM. *de Lamoricière* et *de Bourjolly;* le premier propose la création de villages civils ; le second conclut à la diminution de l'armée jusqu'à concurrence de 40,000 hommes, et propose de porter la cavalerie à 15,000 chevaux ; ces deux honorables chefs reconnaissent la nécessité de coloniser et d'appeler sur la terre algérienne une population européenne ; leurs intentions sont louables ; c'est un grand pas de fait et qui permettra de lutter contre de funestes et scandaleux empiétemens.

Nous avons dû entrer dans ces développemens, pour faire sentir l'importance d'adopter le mode le plus naturel, *la colonisation civile !*

Mais pour coloniser, c'est-à-dire pour appeler des populations, il faut entourer ces populations de toutes les garanties qu'elles trouvent dans la patrie; il faut leur donner une législation, il faut les placer sous la protection des lois, et ne pas les effrayer par la mobilité d'un régime exceptionnel.

On vient de le voir, il n'y a en Algérie rien de stable, rien de normal ; la législation est un chaos effroyable, l'administration y est bâtarde, inhabile et corrompue ; la magistrature n'y est que campée ; les libertés de conscience, de la presse, individuelles, n'y existent pas ; le régime militaire domine, courbe les volontés, décourage les plus énergiques lutteurs.

Ce n'est point ainsi que se fondent les sociétés ; ce n'est point en exposant les fortunes, les libertés aux caprices de quelques hommes omnipotens et absolus que l'on rassurera les esprits, que l'on implantera une population capable, active et morale, non ! L'homme ne se fixe que là où il peut recueillir paisiblement les fruits de ses labeurs, mais il fuit les rivages où les garanties lui manquent.

Dans le coup d'œil que nous venons de jeter sur la situation morale de l'Algérie, nous n'avons pas signalé péremptoirement une des causes de cette situation.

Soit faiblesse, soit ignorance des faits, soit antipathie, les chambres législatives se sont toujours refusées à s'occuper sérieusement des destinées du magnifique pays que nous avons conquis sur la Barbarie.

Des budgets monstrueux ont été votés sans qu'elles se rendissent compte de leur nécessité, sans qu'elles cherchassent à en surveiller le bon emploi.

Et pourtant, 1,200 millions ont été répandus en Algérie, que la France ne connaît pas encore la moisson que produiront de si riches semailles.

N'y a-t-il pas là une coupable indifférence, et les corps législatifs ne devraient-ils point enfin secouer cet état léthargique qui dure depuis seize années ?

N'est-il pas à craindre que tant d'abandon et de négligence n'amènent un jour de graves difficultés, et n'entraînent des événemens regrettables ?

Quelques hommes, puissans par la parole, par la rectitude du jugement, ont essayé, dans ces deux dernières sessions, de réveiller leurs collègues, mais leurs voix se sont éteintes dans la solitude et n'ont produit aucun écho.

Nous le disons avec douleur, il est désolant de voir cette apathie déplorable, en présence surtout des grandes choses qui s'accomplissent de l'autre côté du détroit ; il est pénible de suivre les phases ascendantes vers la prépondérance des mers, d'une puissance qui sait vouloir et qui menace notre avenir de toute la hauteur de son génie colonisateur et commercial, quand nous pourrions marcher sur ses traces et nous créer, sur les rives africaines, une seconde patrie, qui ne demande, pour grandir, que le régime de la loi et le droit commun.

Résumons-nous :

La situation morale de l'Algérie est déplorable ; elle n'a aucune organisation ; elle ne laisse, dans l'état actuel des choses, aucune espérance d'avenir.

Il faudrait une législation réelle, elle n'en a pas.

Il faudrait une administration morale capable et énergique, et il n'y en a pas.

Il faudrait, pour garantir les libertés et les fortunes privées et publiques, une magistrature normale, c'est-à-dire inamovible ; elle est amovible.

Il faudrait accorder à la colonisation civile la plus complète sollicitude, et elle est en butte à la tyrannie du pouvoir militaire, au mauvais vouloir des administrations civiles.

Il faudrait offrir la sécurité morale aux capitaux, et rien ne les garantit contre les éventualités et le caprice des gouvernans.

Il faudrait soumettre l'élément militaire à l'élément civil, seul capable de créer, et l'élément destructeur domine l'élément organisateur.

Il faudrait, par une large et généreuse adoption, lever tous les doutes sur l'avenir politique de l'Algérie, et cette belle contrée n'est ni possession, ni colonie française.

Il faudrait moraliser les opérations financières, créer des *banques*, des *caisses hypothécaires*, des *monts-de-piété*, et *l'usure* s'épanouit et fleurit scandaleusement.

Il faudrait abandonner le système odieux des *razzias*, système qui éloigne de nous les indigènes et les pousse à la révolte ; et les *razzias* ruinent les tribus, détruisent les moissons et occasionnent la disette.

Il faudrait enfin placer l'Algérie sous le régime de la loi, sous le droit commun, et la loi n'existe pas et n'a pas d'interprètes.

Nous n'avons pas cru devoir signaler l'absence des *conseils municipaux*, seul mode naturel d'administrer économiquement les communes ; nous avons passé sous silence l'organisation religieuse, aussi infime que toutes les autres ; les institutions charitables, les salles d'asile, les ateliers de charité, les droits protecteurs, les primes d'encouragement, toutes choses naturelles et indispensables pour retenir, protéger et encourager les populations, n'ont pas non plus attiré notre attention. Nous nous réservons de traiter dans notre seconde partie (situation matérielle) ces questions importantes et si opportunes pour un pays qui se forme par les soins et les sacrifices incessans d'une grande nation.

## SITUATION MATÉRIELLE.

Dans la partie qui précède, nous nous sommes attaché à résumer fidèlement la situation morale de l'Algérie. Nous avons dit quelles sont les causes qui arrêtent son essor ; nous avons posé le doigt sur la plaie qui menace de grandir, si les chambres et le Gouvernement ne mettent pas un terme à un ordre de choses qui a déjà produit les plus scandaleuses énormités.

La position matérielle de la colonie n'est pas plus heureuse que sa position morale ; nous croyons utile, pour rendre notre examen plus saisissable à l'esprit, de diviser cette seconde partie et de développer un à un les principaux vices de l'organisation actuelle, et les causes du *statu quo* désolant qui pèse sur notre belle possession.

Après la prise du territoire algérien, la première création à laquelle on devait s'attacher c'était indubitablement la formation des ports, la défense des côtes ; voyons ce qui a été fait depuis *seize années !*

## PORTS. — DÉFENSE DES COTES. — SERVICE DE LA MARINE.

Alger, comme capitale, a dû attirer la première l'attention du Gouvernement. — Sept ou huit projets de port ont été présentés, examinés par la commission nautique, soumis au Gouvernement, et, par une de ces fatalités communes en Algérie, le projet le plus vicieux a été adopté.

Les travaux ont commencé avec activité, le môle s'est élancé de la pointe de la marine ; mais le travail, au lieu d'offrir aux efforts de la mer une surface convexe qui eût brisé les lames, lui offrit une surface concave ; aussi, après quelques années, des lézardes vinrent prouver la défectuosité du plan, et les travaux furent, pour ainsi dire, abandonnés en 1844 et 1845, après avoir absorbé quelques dix millions.

Le projet, du reste, péchait par sa base ; loin d'offrir un asile sûr à la marine royale, il la repoussait en rade, et n'accueillait que les navires du commerce. — C'était quelque chose, mais ce n'était pas assez ; le port doit être un lieu de repos pour nos vaisseaux, il doit devenir le centre de nos évolutions navales, il doit être l'artère où viendraient aussi bien qu'à Toulon se refaire et s'approvisionner nos escadres.

Il fallait mettre la capitale à l'abri d'un coup de main de l'extérieur, et il semble qu'on ait, au contraire, tourné dans un cercle vicieux pour la livrer sans défense à la première puissance qui aurait l'intention de s'en emparer ; car, non-seulement on n'a pas fait de port de guerre, mais on a négligé complétement l'armement de la côte. Nous ne pensons pas que l'on puisse décorer du nom de forts les mesures de la *marine*, de *Bab-Azoun*. Quant au fort l'*Empereur*, il ne peut défendre la rade.

Le port commercial d'Alger est à recommencer ; ouvert à tous les vents, tourmenté par le *ressac*, il n'offre point un asile sûr aux quelques caboteurs marchands qui s'y rendent, et qui, le plus souvent, dans les gros temps, vont chercher en rade une sécurité que ne leur présente point le port.

Le mouvement maritime se ressent de cet état déplorable des choses, les réclamations réitérées des habitans, de la presse et de plusieurs membres des chambres n'ont pu faire sortir le Gouvernement de son apathie.

L'état provisoire, l'exception, en marine comme en législation, voilà ce qui est et ce qui existera longtemps encore.

*Mers-el-Kébir* et *Bougie* ont les plus belles rades de la Méditerranée ; avec peu de sacrifices, on créerait dans ces deux places des ports considérables et imprenables.

*Mers-el-Kébir*, à quelques kilomètres d'*Oran*, renferme les plus précieuses conditions de sécurité et d'importance, il domine et observe *Gibraltar ;* il peut devenir la clef de la Méditerranée ; ce serait un port militaire de première force, et dont la création ne coûterait pas à la France la moitié de ce qui a été gaspillé au port avorté d'Alger.

Quant à *Bougie*, rien de plus admirable et de plus fort que sa situation. Placée au fond d'une baie, défendue à l'ouest par les hauteurs, à l'est par une plage que le moindre fort rendrait imprenable ; défendue surtout par l'entrée étroite de sa baie, elle n'aurait point de rivale si l'on voulait consacrer à sa défense quelques-uns de ces millions que l'on jette ailleurs avec une si coupable légèreté.

Clef de la Kabylie, elle deviendrait en même temps le point culminant de nos relations commerciales avec le désert, par *Sétif*, dont elle n'est séparée que par une faible distance de treize lieues ; mais rien n'a été fait, rien n'a même été projeté.

*Philippeville* et *Stora* n'ont ni port ni asile à offrir aux navires du commerce ; à Stora s'effectuent les mouillages trop souvent dangereux ; abrité à l'ouest par des montagnes, ce petit port est ouvert à tous les vents et n'a pas même un débarcadère pour l'abordage des chaloupes qui effectuent les transbordemens.

A Philippeville un débarcadère en bois est perpétuellement enlevé par la mer et ne sert pas dix fois dans l'année, bien que sa construction et les nombreuses et inintelligentes réparations qu'on y a faites aient déjà coûté quelque chose, comme *six cent cinquante mille francs.*

M. Ferdinand *Barrot*, concessionnaire sur les rives du *Saf-Saf*, pourrait mieux que personne rendre hommage à la véracité de notre assertion.

Quant au port de *Bône*, il est inabordable dans tous les temps ; des accidens réitérés ont pourtant éveillé l'attention du pouvoir, mais il semble que tout ce qui tient à cette province doive être négligé.

Deux projets principaux ont été présentés, l'un comprenant un port militaire et un port commercial, — partirait de la pointe du Lion pour venir rejoindre la marine, il absorberait 7 millions ; l'autre consistait en un barrage de la *Seybouse.*

Ces deux devis sont imparfaits, ce sera peut-être une raison pour qu'on les adopte plutôt que d'accepter les propositions d'une compagnie puissante qui offrait de faire à ses frais, risques et périls, un port sûr et vaste, moyennant un droit de tonnage qu'elle percevrait sur les bâtimens du commerce.

Comme on vient de le voir, la marine militaire et la marine marchande n'ont pas sur les côtes du nord de l'Afrique un seul lieu où elles puissent se mettre à l'abri du mauvais temps, et où il leur soit facile d'opérer leurs chargemens et déchargemens avec sécurité.

Cet état est déplorable, il exerce une influence fâcheuse sur les relations commerciales, il brise les espérances de la colonie, il l'appauvrit et la menace de décrépitude.

Le fret est en raison des éventualités à courir ; aussi les transports se font-ils à des prix énormes qu'augmente encore la difficulté des retours, les 5/6ᵉˢ des navires marchands revenant sur lest.

Nous ne nous appesantissons pas sur cette partie de nos critiques, les hommes consciencieux reconnaîtront avec nous la témérité d'un état de choses aussi infime.

Quelques mots maintenant sur le service des paquebots. Les vapeurs de la marine royale desservent une partie de la côte et font, conjointement avec ceux de la compagnie Bazin, le service des passagers et des dépêches.

Six fois par mois, de Toulon à Alger, deux fois d'Alger à Bône, avec stations à *Djigelly*, Bougie et Philippeville, deux fois également d'Alger à Oran; telles sont les charges de la marine royale.

Mais ces services sont imparfaits, inexacts, mal entendus; les passagers civils ne trouvent à bord de ces bâtimens aucune sollicitude, aucun égard; il semble qu'en payant un prix exorbitant une mauvaise couchette, ils jouissent d'une faveur insigne.

Quant à la correspondance commerciale, elle pâtit, et de l'irrégularité des arrivées et des départs, et de la distance trop grande qui s'écoule entre les partances.

La compagnie *Bazin*, pourvue d'un monopole exorbitant, fait six fois par mois le service de *Marseille* à *Alger*; deux fois par mois celui de *Marseille* à *Oran* ou *Mers-el-Kébir*, et deux fois aussi celui de *Marseille* à *Philippeville* ou *Stora*.

Le prix du passage, sur les bâtimens de cette compagnie, est très élevé et entrave la circulation et les voyageurs. Il en coûte aussi cher pour aller de Marseille à Alger que pour se rendre de Paris à Marseille, et cependant il y a une distance de 50 lieues de moins à parcourir; c'est un fait que nous devons signaler et qui retire beaucoup de visiteurs à la colonie.

Nous protestons également contre l'exclusion dont Bône a été l'objet. — Pourquoi l'administration, en traitant avec la compagnie *Bazin*, ne l'a-t-elle pas obligée à desservir cette riche localité? Pourquoi *Philippeville*, moins importante, plus jeune et moins commerçante, a-t-elle obtenu un service direct, ou pourquoi n'a-t-on pas forcé la compagnie privilégiée à pousser jusqu'à Bône pendant le temps qu'elle perd en rade à attendre la correspondance de Constantine? (1)

Serait-ce parce que *Bône* offre à l'agriculture, à l'industrie, au commerce, les plus belles espérances, les plus riches moissons? Serait-ce parce que des exploitations importantes se créent à ses portes? Serait-ce encore parce que la richesse des mines et les magnifiques travaux de la compagnie des mines et usines de Bône ont jeté sur les rives de la *Seybouse* une activité puissante, une vitalité réelle?

Il faut bien reconnaître là l'incroyable incurie de l'administration, il faut bien appeler les choses par leur nom et stigmatiser des actes que rien ne saurait justifier.

Comment, la contrée la plus séduisante, la plus productive de l'Algérie; comment, un territoire que le moindre travail peut fructifier; comment, tous ces gisemens de minerai, toutes ces forêts, les plus belles d'Afrique, tous ces cours d'eau, tous ces élémens de prospérité, n'attireront pas l'attention de l'administration; elle se complaira à oublier éternellement, et à comprimer l'élan des populations par une opposition systématique et maladroite à toute amélioration, à toute généreuse initiative !

Voilà ce que le pouvoir militaire et sa subordonnée, l'administration civile, ont fait pour la colonie; *voilà ce qu'ont produit seize années d'occupation, cent mille soldats et douze cent millions sacrifiés avec autant d'inintelligence que de légèreté.*

---

(1) Au moment où nous mettons sous presse, nous apprenons qu'un service de la compagnie Bazin s'organise, et sera en activité le 1er avril; mais il ne remédie pas à l'état des choses; les bâtimens partiront de Stora pour se rendre à Tunis, ils mouilleront à Bône, il est vrai, mais la correspondance ne gagnera rien à cette prétendue amélioration.

## ASSAINISSEMENT. — SALUBRITÉ. — IRRIGATIONS.

L'Algérie, comme toutes les contrées abandonnées et inactives, est, était surtout, un foyer d'émanations pestilentielles, qui ont moissonné plus de soldats et de colons que le fer et le feu des Arabes.

Les plaines particulièrement sont, pendant plusieurs mois de l'année, inhabitables; celles de la *Mitidja*, de *Staouëli*, près Alger, de *Tlélat*, de la *Mina* (province d'Oran), des *Karezas*, près Bône, du *Safsaf*, près Philippeville, sont les plus grandes et les mieux situées, mais aucuns travaux d'assainissement ni d'irrigation n'y ayant été exécutés, il s'ensuit que les eaux y séjournent pendant des mois entiers, et que les ardeurs du soleil et le simoun, en séchant ces territoires, produisent des gaz délétères qui engendrent des fièvres intermittentes et pernicieuses.

Le premier devoir d'un gouvernement clairvoyant et humain n'était-il pas de faire dans ces plaines, dès leur occupation, des travaux d'assainissement; ne devait-il pas faire creuser soit par ses soldats disciplinaires, soit par ses prisonniers arabes (qui coûtent des sommes considérables à l'île Sainte-Marguerite) des canaux d'irrigation, qui auraient, en offrant aux eaux stagnantes un écoulement facile, non-seulement assaini le pays, mais arrosé des terres qui sont dix mois de l'année privées d'eau, et qui, par conséquent, ne peuvent produire ni être vivifiées.

Mais le pouvoir militaire ne s'inquiète pas de si peu; que lui fait la salubrité du pays. *Moins il y a de colons civils*, et plus il a de chances pour obtenir de la France les 8 à 1,200 millions que coûterait sa *colonisation militaire*.

L'administration civile s'est montrée tout aussi inhumaine que le pouvoir militaire; quelques fossés ont été ouverts, il est vrai, mais ils sont déjà en partie obstrués.

L'ingénieur *Prusse* avait présenté, en 1834 ou 1836, un projet d'assainissement pour la Mitidja; il proposait d'ouvrir un grand canal navigable, vers lequel afflueraient de petits canaux d'irrigation. En vendant les terres assainies et arrosées, le gouvernement fût rentré dans ses avances; ce projet et ceux présentés par plusieurs hommes capables et actifs furent repoussés; rien n'a été fait. Les cultures sont impossibles, et les populations qui ont péri déjà sont innombrables.

## ROUTES. — COLONISATION. — AGRICULTURE.

Ainsi que nous venons de le dire, la salubrité est une chimère dans les plaines, l'assainissement n'a même pas été tenté, les marais envahissent le sol pendant six mois de l'année, et, lorsqu'arrivent les grandes chaleurs, l'évaporation des eaux met les terres à nu, qui alors produisent des exhalaisons pestilentielles. Un tel état de choses dut nécessairement entraver la culture, et repousser les colons. Non-seulement l'agriculteur eut à lutter contre les Arabes, mais encore contre l'insalubrité; livré à lui-même, en proie le plus souvent à la maladie et au découragement, il revint dans les villes, exténué par la fièvre et ruiné par les inutiles sacrifices qu'il s'était imposés.

Les premiers pas de la colonisation furent donc chancelans; les malheureux colons revenant dans les villes, y apportèrent leur paupérisme, et bien heureux furent ceux auxquels il restait quelques écus pour regagner la patrie ou ouvrir un cabaret.

La colonisation eût grandi et prospéré si les premiers travaux d'assainissement avaient été exécutés par les soins du gouvernement; si elle n'eût eu qu'à irriguer et défricher, elle se fût mise courageusement à l'œuvre; non-seulement elle eût réparti les eaux, mais encore elle eût tracé des routes qui ne sont pas même en projet; car, à part les voies de communication qui rayonnent d'Alger à Blidah, nous ne voyons pas où l'on rencontrera, en *Afrique*, des routes méritant ce nom. De Philippeville à Constantine (22 lieues), les communications peuvent s'appeler chemins, sauf de *Philippeville à El-Arouah*, dont la route est fort belle.

Les routes de l'*Edough et de Bône à Dréan* sont à peine terminées, et encore n'offrent-elles ensemble qu'un parcours de 14 à 16 lieues.

M. le gouverneur général prétend qu'il y a en Algérie 500 *lieues* de routes, c'est à peine s'il y en a 100 ! Des chemins non carrossables, oui ; mais ce sont là des travaux légers et plutôt nuisibles qu'utiles.

Comment veut-on que les cultivateurs travaillent lorsque la fièvre les consume lentement ? Comment veut-on qu'ils produisent quand ils n'ont aucune facilité de communications, aucuns moyens de transports ? Comment peut-on espérer que les propriétaires ruraux, déjà menacés dans leurs droits par les ordonnances désastreuses qui veulent les dépouiller, affronteront tous ces périls, tous ces labeurs, quand il ne leur est pas offert d'autre espérance qu'une mort affligeante et une ruine certaine ?

*L'assainissement, les routes et des irrigations intelligentes et nombreuses*, tels étaient les premiers travaux, les plus indispensables de tous, que le gouvernement devait faire, s'il avait eu pour but la colonisation, la prospérité du pays.

Il est vraiment extraordinaire d'entendre les organes du pouvoir militaire vanter la salubrité, les travaux d'assainissement, l'ouverture de routes, quand ils savent pertinemment que tout cela n'existe pas ; quand ils savent que non-seulement ils n'ont pas été exécutés, mais même tentés sur une échelle convenable.

Nous ne pouvons croire que tant d'inintelligence ne soit pas le résultat d'un calcul égoïste, d'une pensée ambitieuse ; on n'a voulu ni créer les grandes artères de communication ni assainir, pour pouvoir repousser indéfiniment les colons civils.

A vrai dire, si sous tout cela il n'y a pas une résolution de sacrifier perpétuellement les trésors de la France à son ambition, il faut avouer que *le bon sens naturel* de M. le maréchal duc d'Isly *n'a pas le sens commun*.

***

## FORÊTS ET MINES.

Deux richesses que l'on ne connaissait pas il y a deux années ont depuis quelque temps attiré l'attention du gouvernement, des capitalistes et de la presse.

Les forêts et les mines de fer du cercle de Bône ont donné à cette contrée une importance nouvelle, et offriraient au gouvernement et à l'industrie une source intarissable de produits supérieurs et de revenus considérables.

Nous croyons devoir extraire du journal l'*Afrique* (*Esprit public*) les passages suivans que nous écrivions en octobre dernier :

« Tout d'abord constatons un fait : le cercle de Bône est riche en mines de fer, dont les qualités sont, d'après des expertises réitérées, égales, sinon supérieures, à celles des fers de Suède. Quelques personnes dignes de foi, et sur la compétence desquelles nous ne pouvons élever le moindre doute, nous ont affirmé que ces fers sont propres à la fabricatiom des meilleurs aciers.

» Certes, les résultats pour la France seront incalculables, si surtout la mauvaise foi et la falsification ne viennent point diminuer l'importance et la bonne qualité des produits.

» Le monopole des fers, il faut le reconnaître, est exploité en France au détriment du consommateur et de l'ouvrier ; il est des sociétés qui réalisent des bénéfices si énormes que la matière fabriquée pourrait être livrée à 10 ou 15 p. 100 meilleur marché si la concurrence était organisée et plus protégée.

» Ce n'est point le procès des usines françaises que nous entreprenons, nous constatons un fait, fait malheureusement scandaleux, et dont les conséquences sont l'exploitation du consommateur par quelques heureux privilégiés.

» Si le gouvernement, qui doit avoir pour but le bien-être général, et dont l'intérêt est d'affranchir la France, autant que possible, de tout tribut envers l'étranger, comprend bien son devoir et les besoins du pays, il accordera la plus grande sollicitude aux compagnies concessionnaires ; non pas à celles dont le but est d'aller chercher en Algérie des matières premières de qualité supérieure pour les importer dans les usines, où, à l'aide de la falsification, ils livreront à la consommation des produits inférieurs, mais aux compagnies qui, mues par une louable émulation, viendront rivaliser avec les produits étrangers.

» Deux questions sont ici en présence :

» Doit-on traiter le minerai sur les lieux ?

» Doit-on simplement l'extraire et l'importer en France ?

» Le premier mode a toutes nos sympathies, parce qu'il est, suivant nous, le véritable moyen d'introduire l'industrie en Algérie, et de porter la vie, la *spéculation et la prospérité dans cette nouvelle France.*

» Par le second mode, il est vrai, nous créerions de grandes ressources à la marine marchande, mais nous donnerions un nouvel essor, une nouvelle puissance au monopole, et peut-être à la fraude.

» Nous développerons donc les motifs qui nous font opter pour le *traitement sur lieu.* Nous dirons aussi pourquoi nous ne sommes point partisans de l'importation en France de la matière première ; enfin, nous examinerons les titres des divers concessionnaires des mines de *Meboudja*, de *Bou-Hamra* et d'*Aïn-Moktar*, au nord du lac Fetzara.

» Lors de notre dernier voyage dans la province de l'Est, au mois de mars dernier, nous eûmes l'occasion de parcourir toutes ces concessions ; nous pûmes aussi admirer la belle végétation des forêts des cercles de *Bône*, de *La Calle*, du *cap de Fer*, de *Guelma*. Les renseignemens qui nous furent donnés nous permirent de nous former une opinion dont personne ne viendra suspecter le désintéressement ; car nous ne connaissons ni de près ni de loin les heureux favoris du gouvernement.

» Plusieurs expertises ont été faites : les unes, dirigées par M. le général *Randon*, ont porté à plus de 127,000 hectares le chiffre des forêts de la subdivision de Bône ; d'autres ont élevé ce même chiffre jusqu'à 150,000 hectares. S'il y a quelque exagération, ce n'est pas sur l'étendue, mais sur la qualité des bois. Ainsi, il y a des chênes-lièges dont le gouvernement ne pourrait pas permettre la destruction ; il y a aussi d'autres sujets propres à la construction navale qu'il faudrait respecter.

» Par un aménagement bien entendu, dirigé avec intelligence, et exigé avec sévérité, il serait facile d'augmenter la richesse forestière du cercle de Bône, tout en fournissant à une grande quantité de hauts-fourneaux une alimentation suffisante. Ce n'est pas à dire qu'il faudrait livrer sans garanties sérieuses ces richesses ; mais il nous semble que des compagnies pourraient affermer une certaine quantité de forêts qu'elles aménageraient, et dont le dérossement et l'élagage leur seraient abandonnés à titre d'indemnité.

» Là est toute la question ; les partisans de l'importation en France prévoient l'épuisement et le dépérissement complet des forêts ; quant à nous, nous croyons ces craintes exagérées par les conseils d'une déplorable cupidité.

» En France, le rendement des bois est à peu près de 200 stères par hectare, et les coupes se font, en moyenne, par vingt-cinq à vingt-sept ans ; la végétation d'Afrique est plus puissante et plus généreuse. Si l'on prend, par exemple, pour comparaison, la pousse du mûrier des Ardennes et celle du mûrier en Algérie, on trouve que le premier ne donne de produits qu'après neuf ou dix ans, tandis que le second rend la sixième ou septième année ; il n'y aurait donc aucune témérité à établir cette même proportion pour les bois de haute futaie. Les coupes, en Afrique, pourraient alors donner des résultats tous les dix-sept ou vingt ans.

» Et, dans l'hypothèse de l'exploitation par les Compagnies, le gouvernement, suivant nous, trouverait un double avantage.

» D'un autre côté, il éviterait les frais d'exploitation et d'aménagement ; de l'autre, il éviterait ceux que lui nécessiterait le percement des routes, car les Compagnies concessionnaires devraient établir des artères de communication à leurs frais, et nous avons la certitude qu'elles ne reculeraient pas devant ce sacrifice.

» Si donc les calculs que nous venons de produire, et qui portent l'étendue des forêts de ces subdivisions de Bône à 150 mille hectares, sont exacts, il n'y a, suivant nous, aucun inconvénient à adopter le système du *traitement sur lieu*, sauf au gouvernement à bien placer sa confiance et à n'accorder d'exploitation qu'aux Compagnies d'une moralité et d'une solvabilité éprouvées.

» Tous les hommes de bonne foi reconnaîtront avec nous que l'établissement des hauts fourneaux en Algérie, surtout dans une province dont la sécurité n'est jamais troublée, serait d'un puissant secours à la colonisation, et qu'il apporterait dans cette partie de notre possession, non-seulement des capitaux considérables, mais des immigrations sérieuses.

» L'ouvrier, trouvant une juste rémunération de son labeur, s'y fixerait, et, par sa présence, augmenterait, non-seulement l'importance commerciale et industrielle, mais agricole, de la plus belle province de l'Algérie.

» Les cultivateurs suivraient bien vite le mouvement imprimé par les capitalistes, et, en peu de temps, les magnifiques plaines de la vieille *Hyppone* se couvriraient de ces riches moissons qui, du temps de saint Augustin, avaient fait de l'Afrique la contrée la plus généreuse et la plus florissante.

Non-seulement la marine marchande, au lieu de revenir sur lest, trouverait à charger des fers, mais encore elle rapporterait en Europe les denrées et les produits de l'agriculture, tandis qu'aujourd'hui les exportations sont nulles.

. . . . . . . . . . . . . . . . . . . . . . . . . . . . . . . . . . . . . . . . . . . . . . . . . . . . . . . . . . . . . . .

» Il y a peu de temps encore, le gouvernement ne connaissait pas les richesses forestières de la subdivision de Bône ; malgré les avis réitérés de plusieurs fonctionnaires que nous pourrions nommer, malgré les réclamations incessantes de la population civile, l'administration s'était, comme toujours, drapée dans sa déplorable indolence, et aucune étude sérieuse n'avait été ordonnée.

» Nous verrons plus tard dans quel but l'administration centrale a, jusqu'à présent, entouré du plus profond mystère l'existence des forêts de la subdivision de Bône.

» Pendant que le pouvoir, oubliant sa mission, se livrait à la pratique de l'arbitraire, des hommes actifs et intelligens (1) parcouraient les forêts de la *Calle*, de *l'Edough*, de *Sidi-bou-Médin*, des *Beni-Salah*, etc., et constataient, non-seulement la quantité des bois pouvant servir à la construction navale, mais encore la quantité en stères de ceux qu'un élagage bien entendu pouvait produire.

» Comme ces calculs et ces estimations n'ont pu être le résultat d'un travail parfaitement exact, nous prendrons une moyenne qui laissera une marge assez large pour rectifier toute exagération en plus.

» On peut porter à un million 500 mille stères le chiffre des élagages que pourraient produire de suite les forêts de la subdvision de Bône ; l'élagage annuel peut, sans exagération, être évalué à 200 mille stères. — Ce sont là des

_______________

(1) Ce sont MM. de Bassano, Roze, capitaine du bureau arabe ; Dufeu et Perregaux, inspecteurs des forêts, secondés par M. le général Randon.

ressources énormes pour les hauts fourneaux, si le gouvernement sait, tout en tirant parti de ces richesses, protéger l'industrie des fers.

« Nous ne conseillerions certes pas de livrer tout ou partie des forêts de la subdivision de Bône aux Compagnies, sans exiger d'elles des conditions d'aménagement sérieusement établies, mais nous soutenons qu'il y aurait un avantage énorme pour l'Etat à livrer l'élagage en échange des travaux auxquels les Compagnies s'engageraient pour le percement des routes d'abord, pour l'aménagement des bois ensuite.

Les forêts, en Afrique, ont été jusqu'alors abandonnées ; aussi la végétation en a-t-elle souffert. Tantôt le feu, que les Arabes ont la détestable habitude de mettre chaque année, dévaste une partie des bois ; tantôt les expéditions militaires détruisent les plus beaux sujets : ce sont là des causes de dépérissement auxquelles, avec un peu de vouloir, il sera facile de remédier.

« Tout dépend d'un aménagement régulier et intelligent, comme aussi les bénéfices des compagnies dépendront de la bonne exécution des routes et des facilités de transport.

« Si, d'un côté, l'Etat donne une valeur réelle et immédiate aux compagnies exploitantes, il évite, de l'autre, les dépenses de percemens des routes, de dérossement et d'aménagement des forêts.

« Nous ne sommes point de l'avis de ceux qui crient à la faveur dès qu'une concession avantageuse est accordée à des hommes qui veulent travailler ; autant nous aimons à tendre la main aux privilégiés actifs, intelligens, et qui veulent réaliser des bénéfices, mais exécuter en même temps des travaux utiles au pays, autant nous sommes les adversaires des favoris sans pudeur et sans foi qui mendient des concessions avec l'intention bien arrêtée de les faire servir à leur seul intérêt. Tout homme qui travaille a droit à notre estime et à nos sympathies ; celui qui compte sur son influence pour obtenir de scandaleuses et inutiles faveurs n'a droit à aucune considération.

« Aussi justifions-nous notre opinion du traitement sur lieu par ces considérations si puissantes, suivant nous, de l'intérêt général lié à l'intérêt particulier du trésor et des compagnies.

« Si l'Etat voulait exploiter lui-même les forêts, nous avons la conviction que l'élagage lui fournirait à peine les ressources nécessaires pour le percement des routes d'exploitation. Le gaspillage est à l'ordre du jour en Algérie, et nous n'hésitons pas à affirmer que les travaux qui coûtent en France dix mille francs grèvent en Algérie le budget de dix fois cette somme ; et encore sont-ils si déplorablement conduits que, deux ans après, il faut les recommencer. Exemple : la cathédrale d'Alger, vieille mosquée recrépie et badigeonnée, qui a déjà coûté près de neuf cent mille francs, et qu'il faudra bientôt démolir.

« Ce n'est donc pas une faveur onéreuse que l'on accorderait aux compagnies, en leur confiant l'aménagement et le percement des routes en échange de l'élagage des bois.

« Maintenant que nous avons prouvé que le combustible ne manquerait point pour alimenter les hauts-fourneaux, disons quels avantages la France et l'Algérie trouveraient dans le *traitement du minerai sur place*.

« La France est aujourd'hui tributaire de la Suède et de l'Angleterre, qui lui vendent à des prix exorbitans des fers dont la qualité n'est point supérieure à celle que peut donner le minerai de Bône. Les immenses travaux des chemins de fer, qui bientôt auront sillonné tout notre pays, ont donné un accroissement considérable à cette branche d'exploitation. Des capitaux énormes vont chaque jour grossir les caisses de nos voisins, tandis que, si nous trouvions chez nous les mêmes matières, nous augmenterions la somme du bien-être général, d'abord en conservant nos capitaux, ensuite en donnant un nouvel et considérable aliment à l'industrie, par suite au travail.

« Non-seulement la France n'aurait plus à s'inquiéter de la disparition de son numéraire, mais encore elle trouverait dans l'industrie des fers un allégement aux charges que lui impose la colonie. Ce ne seraient plus les capitaux français qui iraient à l'étranger, ce seraient ceux de l'étranger qui viendraient chez nous; de là la prospérité de l'Algérie, dans l'hypothèse, bien entendu, du *traitement sur lieu*.

» Quant à l'Algérie, elle y gagnerait sous tous les rapports : diminution dans le prix de la matière fabriquée et diminution considérable; augmentation de ses rapports maritimes avec la France et l'étranger, affluence des capitaux, développement d'activité et de population, ressources immenses pour le travailleur, bénéfices irrécusables pour le commerce, l'industrie, l'agriculture ; développement et sage exploitation de ses richesses forestières et minérales; enfin, l'extension de son crédit : tels sont les principes de progression et d'avenir qui découleraient de l'exploitation bien comprise des mines de l'Algérie en général, et de Bône en particulier.

» Nous ne craignons point que l'on nous traite de rêveurs ou d'utopistes. Ce que nous prévoyons est dans l'ordre naturel des choses ; mais nous devons ajouter qu'avec l'indigne régime qui pèse sur l'Algérie, toutes ces améliorations, tous ces résultats si brillans et si faciles à amener ne seront jamais obtenus.

» Nous ne cesserons donc d'appeler de tous nos vœux le secours de nos confrères indépendans, et l'attention des chambres contre le mauvais vouloir de l'administration, et sur les richesses de notre seconde France.

» Si le traitement sur lieu présente un avantage incontestable au traitement dans les usines de France, il faut donc l'accepter comme principe invariable.

» En effet, qu'une compagnie, par exemple, s'exécute loyalement, qu'elle installe ses fourneaux, qu'elle se livre, en un mot, avec ardeur et dévoûment, non-seulement à l'extraction du minerai, mais au traitement sur lieu, elle aura couru une chance, elle aura donné la première des résultats. Mais qu'à côté de cette compagnie, une autre vienne s'installer, non pour *traiter sur lieu*, mais simplement pour extraire la matière et l'importer dans ses usines de France, il est certain que cette seconde compagnie ruinera la première par une concurrence d'autant plus redoutable, qu'elle n'aura pas les mêmes frais à supporter pour son installation, outre qu'elle n'apporterait point sur les côtes algériennes un déploiement de richesses et d'activité ; elle pourrait, comme nous l'avons déjà dit, livrer à la consommation des produits inférieurs et dénaturés par la falsification.

» MM. *de Bassano et C*, ainsi que nous l'avons dit, se sont livrés à la recherche des richesses forestières du cercle de Bône ; ce sont eux qui ont fait connaître à l'administration l'existence de ces richesses, de même qu'à une époque plus éloignée, ils avaient des premiers signalé les principaux gisemens du minerai, étudiés plus tard par M. *Fournel*, chargé de cette mission délicate dont il s'est acquitté avec le talent que chacun lui connaît.

» C'est une curieuse histoire que celle des actes de l'administration, quand il est donné de pénétrer dans ce labyrinthe d'intrigues et de prodigalités des ressources nationales, en faveur de quelques privilégiés patronés par des hommes auxquels le pouvoir ne sait rien refuser. Nous savons pertinemment, qu'après les recherches de M. de Bassano, la cupidité des grands faiseurs fut éveillée, et que bientôt le gouvernement fut assailli de demandes : mais comme il ne s'agit pas seulement d'ouvrir la main pour en laisser tomber des faveurs, et qu'en outre, l'administration craignait de froisser certaines hautes susceptibilités, on évinça une partie des concurrens, et l'on accorda aux autres les quatre grandes concessions dont nous avons eu l'occasion de parler dans de précédens articles.

» M. de Bassano, dont l'activité avait révélé à l'administration une richesse jusqu'alors inconnue, réclamait, à juste droit, une concession ; MM. *Talabot, Perron et Girard*, réclamaient de leur coté une part du gâteau.

» Le premier avait des titres qu'il n'était pas possible d'annuler ; le second invoquait le patronage d'un puissant guerrier, et de plus, il avait pour précédens sa haute position industrielle ; quant aux deux autres, l'un *notaire*, l'autre officier d'artillerie, ils étaient patronés par le grand industriel, qui, assure-t-on, n'a rien à redouter de leur concurrence, et surtout de leur mauvais vouloir.

» Les deux concurrens sérieux étaient donc MM. de *Bassano* et *Talabot*. Que pouvait faire l'administration ? Accorder à l'un ce qu'elle ne pouvait lui refuser ; à l'autre, ce qu'une puissance occulte réclamait pour son protégé. C'est ce qui eut lieu, nous ne dirons pas avec une justice égale, mais avec une arrière-pensée de duperie fort heureusement déçue.

» La *Meboudja* fut concédée à la compagnie de *Bassano*; le minerai ne paraissait pas, au premier aspect, offrir une richesse considérable, mais la situation près de la *Seybouse*, le voisinage des forêts et la facilité des transports, engagèrent cette compagnie à mettre immédiatement à exécution les travaux préparatoires pour l'établissement de plusieurs hauts-fourneaux.

» *Aïn-Moktar*, montagne de minerai, devint le lot de M. Talabot. *Bou-Hamra* fut accordé à ses protégés.

» Ces dernières concessions sont placées dans des conditions d'exploitation plus difficiles ; mais le but secret des concessionnaires était atteint : s'assurer d'une richesse considérable, et empêcher qu'elle ne tombât dans des mains étrangères, telles étaient les intentions que l'administration sut satisfaire avec son *admirable intelligence*.

» Mais comme il fallait réserver aux protégés du vieux guerrier une porte de derrière, l'administration *obligea* la compagnie de *Bassano* à accepter la faculté *d'exporter le minerai en France*, faculté qu'elle combattait, voulant traiter la matière première sur lieu, et livrer provisoirement aux usines de France des *gueuses* pour le laminage.

» Ce n'était point là l'intérêt des autres concessionnaires, dont les établissemens périclitaient il y a peu de temps encore, et qui trouvent beaucoup plus avantageux d'aller chercher le minerai pour alimenter leurs hauts-fourneaux, dont les produits, s'ils ne sont pas de première qualité, pourront du moins acquérir, au moyen d'un mélange habile, l'apparence de la qualité supérieure.

» Les positions sont bien dessinées ; d'un côté, une compagnie *veut traiter le minerai sur lieu*, et elle s'organise avec activité ; elle crée ses fourneaux, elle s'approvisionne de charbon, en un mot, elle prouve qu'elle veut, tout en réalisant des bénéfices, porter la vie, l'industrie et la prospérité dans cette magnifique province de l'Est. De l'autre, trois concessionnaires, triples têtes pour un même cœur, restent simples spectateurs des efforts de leurs concurrens, attendant patiemment que des résultats favorables leur donnent le signal et les mettent à même de réaliser des bénéfices certains. On sent là ces calculs que les hommes prudens, que les monopoleurs heureux savent combiner avec une merveilleuse exactitude.... »

. . . . . . . . . . . . . . . . . . . . . . . . . . . . . . . .

. . . . . . . . . . . . . . . . . . . . . . . . . . . . . . . .

Une richesse existe, il faut l'exploiter le plus avantageusement possible, et le gouvernement commettrait une faute impardonnable, s'il ne soutenait pas avec sollicitude les efforts des hommes qui, les premiers, ont tenté à leurs risques et périls les premiers essais.

Ce que le journal l'*Afrique* n'a point dit, c'est que les concessionnaires de la *Meboudja* ont eu à lutter contre les plus incroyables difficultés ; au lieu de trouver dans l'administration aide et protection, ils ont eu à subir son mauvais vouloir ; ils ont eu à surmonter des obstacles qui renaissaient au fur et à mesure qu'ils étaient détruits.

Ainsi, après avoir, par leurs travaux, leurs exploitations, leur activité et des dépenses énormes, attiré l'attention du gouvernement sur une richesse inconnue, ils ont failli être repoussés dans leur demande de concession ; c'est ainsi que, voulant traiter le minerai sur le lieu, et les autres concessionnaires, plus jaloux, sans doute, de l'importer dans leurs usines, préférant le mode opposé (1), l'administration de la guerre les mit en demeure d'accepter aussi les conditions de l'extraction pure et simple, ou de se voir oubliés dans la répartition des mines ; c'est ainsi qu'explorant toutes les forêts ils constataient que des quantités considérables de bois propres au charbonnage se pourrissaient, et causaient à l'État un préjudice considérable, on ne répondait pas à leur demande de concession d'une partie de ces bois, qui leur aurait évité des marchés onéreux à l'étranger ; c'est ainsi encore, que, réclamant l'affouage aux conditions faites par l'administration elle-même, on garde le silence depuis dix-huit mois.

Il est vrai que MM. de Bassano et C<sup>e</sup> ont été avertis par une lettre en date du 16 septembre dernier, que, dans *sa sollicitude pour les travailleurs, l'administration leur réservait* 25,000 *stères de bois, mais, depuis cette époque, ils demandent en vain à quelles conditions, dans quel délai le combustible leur sera livré.*

Les mêmes concessionnaires des mines de la *Meboudja* ont inutilement réitéré leur demande pour la construction de leurs hauts-fourneaux ; depuis un an, ils attendent une réponse. — Les hauts-fournaux sont construits, il est vrai ; ils vont être inaugurés avant deux mois, probablement *en présence de M. le duc d'Aumale,* mais l'autorisation se fera attendre jusqu'au dernier moment.

Pourquoi toutes ces entraves ? Pourquoi abreuver de dégoûts des hommes intelligens, énergiques et actifs qui ont déjà consacré des capitaux considérables à la création d'une si riche industrie ? Pourquoi protéger les uns au détriment des autres ? Eh ! bon Dieu ! on leur fait la part assez belle, à ceux qui n'ont eu que la peine de demander pour obtenir, et qui mendient, aujourd'hui encore, 800 hectares de terre qui leur seront accordés, si l'on en juge par l'insistance des dépêches des bureaux de Paris à l'administration locale.

La compagnie des mines et usines de Bône a élevé des ateliers, des hangars, des hauts-fourneaux ; elle a fait des routes, des chemins de fer ; elle occupe 500 ouvriers par jour ; elle a, en quelques mois, englouti plus de 600,000 francs ! Des machines vont être expédiées par elle à Bône ; enfin, elle n'attend que les autorisations qui lui sont promises depuis plus d'une année pour produire. N'est-ce pas donner des preuves suffisantes d'activité, de vouloir, d'énergique persévérance ? et l'administration entravera-t-elle éternellement des hommes qui veulent jeter la prospérité et la vie où règnent l'inactivité et la solitude ?

Espérons que les membres de la Chambre qui liront ces lignes demanderont un compte sévère de tant de négligence ou de mauvaise volonté !

---

## TRAVAUX PUBLICS.

Le chapitre des travaux et monumens publics ne demande pas de grands développemens, il suffira de dire ce qui n'existe pas en Algérie pour que l'on juge de ce qu'ont produit les 1,200 *millions* qui y ont été engloutis.

Il n'y a pas de *ports* ni à *Alger,* ni à *Oran,* ni à *Mers-el-Kébir,* ni à *Arzew,* ni à *Dgigelly,* ni à *Bougie,* ni à *Stora,* ni à *Philippeville,* ni à *Bône,* ni à *La Calle.*

Il n'y a pas de forts armés ou pouvant l'être ; les villes sont sans défense !

Il n'y a pas de *ponts,* même sur la *Seybouse,* la plus grande rivière d'Algérie. Les seuls qui existent et qui méritent ce nom sont des ponts romains : un sur

(1) Forcés par l'exemple que leur a donné la compagnie de Bassano, MM. Talabot et consorts viennent, dit-on, de créer une société au capital de 10 millions, ce que nous avons peine à croire.

l'*Arrah*, près la Maison-Carrée ; un sur le *Roumel*, à la porte d'Alcantara (Constantine).

— Il n'y a pas 100 *lieues de routes méritant ce nom* sur un pays qui présente une superficie de 16,000 lieues carrées.

— Il n'y a pas d'hôpitaux civils, sauf celui d'Alger, rue Bab-Azoun, qui peut contenir 200 malades, et dans les cours duquel on en entasse jusqu'à 1,200. A Oran, à Bône, à Philippeville, Blidah, Constantine, il n'en existe point.

— Il n'y a point de prisons, à moins que l'on ne veuille donner ce nom à des masures infectes et malsaines, ouvertes à tous les vents, et dont les hôtes s'envoleraient si l'administration n'avait eu la précaution de dépouiller et de ruiner les habitans, chez lesquels ils ne trouveraient pas le moindre *douro* à voler.

— Il n'y a pas de places, pas de promenades publiques où les habitans des villes puissent aller se promener.

— Il n'y a pas de Bourses, pas de Palais-de-Justice, pas de salles convenables pour les tribunaux de commerce ; mais il y a palais des gouverneurs généraux et de province, palais de la direction générale des affaires civiles, palais du directeur de l'intérieur, hôtels des sous-directeurs et de toutes les autres directions présentes et futures.

— Il n'y a pas de mairies ni de maisons d'école ; il n'y a pas de collèges, car on ne peut nommer ainsi l'insalubre établissement de la porte Bab-Azoun.

— Il n'y a pas d'*églises chrétiennes* autre que la vieille mosquée, recrépie par M. l'architecte de la ville d'Alger, dont le devis s'élevait à 400,000 fr., devis dépassé du double déjà.

— Toutes les autres villes entendent la messe dans des masures mauresques.

S'il n'y a pas d'*églises chrétiennes*, il y a des *mosquées* partout : même à *Philippeville*, où n'habitent pas 200 Arabes, on en a construit une à la porte de Constantine, qui domine toute la plaine. Les Arabes nous méprisent comme irréligieux et *athées !*

— Quelle intelligence, quelle moralité, quel spectacle !

— Il n'y a pas d'*aqueducs*, seul moyen de rendre les villes salubres.

— Il n'y a pas d'*éclairage la nuit* ; aussi les Maltais se livrent-ils en toute sécurité à leurs sanglantes habitudes.

— Il n'y a pas d'établissemens d'*équarrissage*, de sorte que les charognes pourrissent dans les rues et y portent l'insalubrité. On a repoussé toutes les propositions qui ont été faites, et notamment celles avantageuses de M. *Brunemaire*.

Il n'y a pas *assez de fontaines publiques* dans un pays où la population ne boit pas de vin.

Il n'y a pas de *caravansérails*, qui, pourtant, seraient si utiles pour appeler les Arabes sur nos marchés ; il est vrai de dire que des citoyens ont offert d'en construire à leurs frais dans toutes les villes, et à Bône en particulier, mais on les a découragés par des lenteurs et un mauvais vouloir impardonnable.

Il n'y a pas de *villages*, de *théâtres*, de *salles d'asiles ;* en un mot, rien de ce qui est nécessaire à la morale, à l'hygiène, au confort, à la tranquillité des populations n'existe en Algérie, cet Eldorado du pouvoir militaire ; mais, en revanche, il y a des hôpitaux militaires, des camps (utiles du reste), des palais, des hôtels, et tout ce qui peut faire passer la vie doucement et confortablement aux détenteurs de l'autorité.

Ce qui existe en Algérie est dû au travail des colons ; si des villes, des maisons de plaisance ont été élevées, il faut en remercier leur énergique persévérance. Oui, ces hommes, que méprise tant l'autorité militaire, ne se sont point découragés ; ils ont lutté contre les obstacles, ils ont affronté les fièvres pernicieuses, les ardeurs d'un soleil écrasant, et surtout les persécutions maladroites que l'on fait pleuvoir sur eux avec une barbare insistance.

Tant de volonté ne doit-elle pas obtenir une récompense ! Ces hommes qui ont subi les plus rudes épreuves n'ont-ils donc pas acheté assez cher la liberté? Les laissera-t-on éternellement sous la férule d'un pouvoir dissolvant et tyrannique ?

---

### PRODUITS AGRICOLES. — IMPORTATIONS ET EXPORTATIONS.

On se fait en général une fausse idée de la production agricole de la colonie. Les colons prétendent que la culture des céréales est impossible par suite de la rareté des bras ; les administrateurs, eux, veulent obliger les cultivateurs à se livrer à ce genre particulièrement.

Les premiers sont fondés dans leur opposition, les seconds n'ont pas tort au fond. Voyons la position réelle :

Nous l'avons dit précédemment, l'agriculteur est placé dans des conditions déplorables ; le territoire qu'il est appelé à vivifier n'a pas été assaini ; de plus, il n'est sillonné par aucune voie carrossable ; d'un autre côté il ne trouve dans l'administration locale ni protection, ni secours, ni sollicitude ; l'argent qu'il lui faut emprunter lui est vendu 20, 25, 30 et 60 p. 100 ; les travailleurs qu'il voudrait employer sont effrayés par la mortalité, aussi exigent-ils un salaire hors de toute proportion avec les services qu'ils rendent. Admettons pour un instant que le cultivateur n'ait à affronter ni l'insalubrité ni le mauvais vouloir de l'administration : admettons encore que l'argent et les bras soient à un taux raisonnable et qui permette d'espérer quelques bénéfices ; eh bien ! l'agriculteur sera encore placé dans de mauvaises conditions, il aura à lutter contre la production arabe, il aura à combattre la concurrence extérieure.

Aucuns droits protecteurs ne lui laissent l'espérance d'écouler avantageusement ses récoltes ; loin de là, l'administration achète aux Arabes et à l'étranger des denrées à des prix supérieurs à ceux qu'elle offre aux colons. Ainsi, *on paie à l'Arabe* 22 *fr.* ce qu'on ne paie *que* 18 *fr. au colon* européen ; on va acheter des foins à l'étranger *à* 15 *et* 17 *fr.* le quintal, tandis qu'on ne les prend qu'à 9 *fr.* au producteur algérien.

Ce sont là des faits que révèle et que blâme l'honorable général *de Bourjolly*, et contre lesquels nous nous sommes élevés souvent.

Pourquoi ce mauvais vouloir ? Pourquoi cette partialité révoltante ?

Si l'administration veut que le pays produise, il faut qu'elle protège le producteur ; si elle exige, par exemple (et nous l'approuvons), que les Européens se livrent à la culture des céréales, il faut qu'elle les mette en position de soutenir la concurrence de l'étranger et celle des indigènes.

Les Arabes vivent de fort peu de chose : du lait, des figues de Barbarie, quelque peu de *couscous* et de l'eau, voilà leurs alimens ; un misérable *gourbi* en feuillage, paille ou toile, voilà leur asile ; un burnous, qui passe de père en fils, voilà leur habillement ; enfin l'Arabe ne paie point la terre et n'arrose pas les plaines.

Il est, comme on le voit, impossible au travailleur européen de lutter contre la production arabe, non-seulement à cause de l'augmentation des frais, mais encore parce qu'il n'est pas acclimaté, et surtout parce qu'on lui refuse le même prix de ses récoltes que celui qu'on accorde à l'indigène.

Nous savons bien que le travail du colon est plus intelligent, plus soutenu que le travail de l'Arabe, mais cette différence ne peut faire pencher la balance en faveur du moins protégé.

La culture européenne restera toujours à l'état d'embryon tant qu'elle ne sera pas soutenue, tant que les causes qui éloignent les capitaux et les bras subsisteront, c'est-à-dire tant que les libertés, le droit commun seront toujours à l'état de mythes.

Il faut, pour qu'un peuple produise, qu'il soit placé dans un milieu tel qu'il puisse travailler et agir ; il faut, pour que la concurrence soit possible, que les élémens, les chances soient égales, et malheureusement, il n'en est pas ainsi en Algérie.

Les colons sont donc fondés dans leurs plaintes ; l'administration a raison de vouloir exiger la culture des céréales, mais elle a tort de la rendre impossible.

Depuis un an, sans les approvisionnemens de l'étranger, la colonie eût été affamée ; les causes de la rareté des grains ne sont point, comme on l'a répété, la présence des sauterelles ; car c'est à peine si, dans toute l'Algérie, *ces insectes ont détruit cent hectares de blés ;* il faut les chercher où elles existent, et nous ne craignons pas d'être sérieusement démentis en les attribuant aux *courses*, aux *razzias* et aux *dévastations* des colonnes mobiles que M. le gouverneur général a lancées à la poursuite d'un ennemi impuissant, insaisissable, et mille fois moins fort que nous. Non-seulement ces colonnes ont saccagé et ruiné les tribus, mais elles ont fait abandonner les terres ensemencées, elles ont anéanti des moissons sur pied ; par représailles, *Abd-el-Kader* a opéré contre nos alliés, de sorte que plus de mille lieues superficielles ont été incendiées, et les moissons qu'elles comportaient anéanties. Voilà la cause réelle de la disette, et voilà les fruits que nous recueillons de cette guerre, trop ridiculement prolongée pour la plus grande gloire d'un seul homme.

Si la colonisation civile, si l'agriculteur étaient encouragés par des primes, s'ils étaient abrités derrière des droits protecteurs contre l'importation étrangère, ils pourraient lutter ; mais alors seulement que les grands travaux d'assainissement et de routes seraient en voie d'exécution, que l'argent serait à un prix raisonnable, et que les institutions civiles appelleraient les travailleurs en leur offrant cette sécurité sans laquelle ils n'aborderont que rarement notre belle colonie.

Il existe d'autres causes que nous voudrions signaler, mais notre cadre est trop restreint pour qu'elles puissent trouver ici le développement qu'elles exigent.

Si le travail européen est annihilé par les entraves que nous venons de signaler, sous le rapport des productions en céréales, il découle que les autres cultures présentent les mêmes difficultés. Et pourtant le sol algérien est propre à toutes les essences : le *tabac* donne des produits très-avantageux ; le *chanvre*, le *colza*, le *mûrier*, l'*olivier*, l'*amandier*, soignés avec intelligence, offriraient des ressources énormes à l'agriculture, à l'industrie et au commerce d'exportation. Le *mûrier blanc* donne des produits, au bout de cinq à sept années, que l'on estime généralement à 1 fr. par pied ; la *sésame* est une plante dont les essais et l'acclimatation ne laissent maintenant aucun doute ; la *canne à sucre*, le *coton*, le *raisin*, la *cochenille* n'ont pas encore donné de sérieuses espérances ; mais avec des soins et de l'intelligence, on pourrait, nous a-t-on assuré, les acclimater. L'*indigo*, le *houblon* et quelques autres plantes exotiques trouveraient sous ce climat généreux une hospitalité assurée.

Dans ces divers produits, il en est qui réussiront indubitablement mieux les uns que les autres ; ainsi, le *tabac*, le *chanvre*, le *colza*, le *mûrier blanc* (pour les vers à soie), l'*olivier*, dont les huiles sont aussi fines que celles de Grasse, et la *sésame*, offrent, il nous semble, assez d'alimentation à l'industrie agricole.

Ces produits donneraient, avec les mines, une source de richesses intarissable ; l'exportation pourrait alors s'ouvrir, les échanges s'organiseraient, l'Algérie ne serait plus une terre qui reçoit sans jamais rendre.

L'importation des denrées, des articles d'industrie que ne rend pas l'Algérie devrait être protégée. Aussi, nous avons peine à comprendre la rapacité du fisc, qui persévère à imposer des articles étrangers que ne produit point le sol ou l'industrie française.

Si l'on veut que la colonie grandisse, il ne faut pas faire une question mesquine d'une question capitale et d'avenir. Nous voudrions, nous, que les ports algériens fussent ouverts pendant cinq à six ans à tous les produits étrangers (sauf ceux que nous avons exceptés plus haut, les céréales, par exemple); nous voudrions que, loin de s'arrêter à l'idée de la concurrence, on la laissât librement s'exercer pendant cet espace de temps. Nous ne sommes point partisan de la liberté des échanges pour la métropole, et nous la réclamons instamment pour la colonie. Nous savons bien que la lutte ne serait pas à notre avantage, mais nous savons aussi que des premiers pas d'un pays neuf dépendent son avenir et sa propérité; et, nous le disons à la honte de notre commerce, les étrangers envoient en Algérie des produits supérieurs en qualité et inférieurs en prix à ceux qu'il livre au colon. Le commerce de France traite l'Algérie en pays ennemi, il manque de bonne foi envers elle. Si l'on contestait ce que nous avançons, nous citerions les noms de négocians haut placés à Marseille qui nous ont fait cette déplorable confidence.

Nous le répétons, l'entrée libre à l'importation étrangère pendant cinq à six années aurait la plus heureuse influence sur l'avenir de la colonie.

Quant à l'exportation algérienne, elle n'est encore qu'un mythe. Le temps permettra de juger dans quelles conditions elle devra être soutenue et encouragée.

---

## RACES CHEVALINE, BOVINE ET OVINE.

La grande question de l'amélioration des races *chevaline, bovine* et *ovine* a été souvent soulevée. A-t-elle été traitée à fond? nous en doutons. Quant à nous, nous ne pourrons que l'effleurer, heureux si nous avons le bonheur d'en faire sentir toute l'importance.

L'acclimatation et le croisement des races européennes avec les races de Barbarie est un problème qui n'a point encore été résolu. Peu d'essais, il est vrai, ont été faits, et ceux entrepris n'ont apporté que de faibles espérances.

D'abord, la France a amené et amène encore aujourd'hui ses chevaux de cavalerie. Les fatigues qu'ils ont subies, l'influence du climat et le manque d'abri, enfin la différence de nourriture ont dû être pour beaucoup dans le prompt dépérissement et dans la mortalité considérable que l'on a constatés.

L'orge rafraîchit, mais elle ne nourrit pas; elle ne donne point au cheval de France cette énergie qu'il déploie sur son sol natal. Le cheval indigène, au contraire, habitué à vivre d'herbe, de foin et d'orge, habitué, en outre, à supporter les intempéries, les variations climatales et des courses considérables, bondit sur ses jarrets nerveux après une carrière de quinze à vingt lieues sans manger, tandis que l'autre, après sept à huit lieues, s'affaisse et se démoralise, — oui, se démoralise; car il n'est pas accoutumé aux privations, il n'est point brisé à ces courses renaissantes et haletantes qu'il est forcé de fournir; il n'est point fait à ces chaleurs étouffantes et à ces nuits glaciales qui le surprennent en quelques heures : sa tête s'affaisse, ses yeux perdent leur feu, son sabot choque le sol, il succombe. Nous ne saurions mieux exprimer la différence de ces deux natures que par ces mots : le cheval d'Europe n'est en Algérie qu'un cheval, le cheval arabe est toujours un *coursier.*

Nous n'oserions trancher la question; mais, après les mille exemples que nous avons eus sous les yeux, nous doutons fort que l'on parvienne à l'acclimatation de nos races françaises.

Quant aux chevaux de trait, ils souffrent encore davantage que ceux de cavalerie : la nourriture n'est point assez généreuse, et les chaleurs les énervent.

L'opinion des vétérinaires que nous avons pu interroger est en général peu favorable à l'importation et même au croisement de nos races avec celles arabes. Ont-ils été découragés par les résultats insignifians obtenus? Nous n'aurons pas l'outrecuidance d'émettre ici une opinion défavorable ou de douter du mérite d'hommes spéciaux.

Ce qui paraîtrait le plus raisonnable, c'est évidemment de s'attacher à l'amélioration de la race indigène, non par des croisemens douteux, mais par des soins intelligens et des expériences réitérées. Une nourriture mieux répartie et plus abondante, un pansage soigné avec sollicitude, des fatigues moins grandes, enfin des précautions hygiéniques, sont les principaux moyens qui doivent être mis en usage. Quant à l'asile, il faut se garder de le clore autrement que par une toiture pour éviter l'ardeur du soleil et l'humidité. Si l'on renfermait le cheval arabe dans des écuries chaudes, on le rendrait moins vigoureux, plus mou, et surtout plus sujet aux maladies et aux fluxions de poitrine. Nous avons eu la preuve de ce que nous avançons : les chevaux indigènes qui dans les villes reçoivent les mêmes soins que ceux de France et sont dans des écuries closes sont sujets à la *pousse;* ils ne fournissent que difficilement les mêmes courses qui, quelques mois auparavant, les retrouvaient à l'arrivée aussi vigoureux et même plus ardens qu'au départ.

Ce sont là des sujets d'études, des observations que nous avons été à même de faire en maintes occasions et dans les différentes provinces que nous avons parcourues.

Le choix et les soins que l'on doit apporter aux étalons et aux jumens demanderaient une administration éclairée et des hommes consciencieux. Il faudrait créer des haras du gouvernement en très-grand nombre ; il faudrait aussi encourager l'industrie des élèves, soit par des primes, soit par des courses, soit enfin par des allocations et des concessions de terrains. Mais M. le gouverneur-général veut de l'infanterie, bien que tous les généraux réclament de la cavalerie.

M. le général de *Bourjolly*, qui voudrait, en diminuant ie corps d'infanterie de 40,000 hommes, porter celui de la cavalerie à 15,000, s'est élevé énergiquement contre l'abandon dans lequel on a laissé la race chevaline. Il voudrait que l'on créât des haras en grand nombre, et il prétend (nous sommes de son avis) que les races indigènes peuvent facilement nous approvisionner.

M. le gouverneur-général, de son côté, fait le procès des chevaux indigènes. Il prétend (dans sa réponse à M. de *Bourjolly*) que cette race est épuisée et impuissante. Il prétend, en outre, qu'il faudrait trente années pour créer des haras sur un pied convenable, enfin il termine, comme toujours, par se donner un démenti formel.

Comment, monsieur le maréchal, vous qui disiez, il y a trois ans, à la tribune, que vous aviez 8 millions d'ennemis à combattre, tous bien armés, tous fanatiques, tous bons soldats, *tous bien montés surtout*, vous déclarez aujourd'hui que ces 8 millions d'hommes ne peuvent pas vous fournir 15,000 chevaux ? Il est vrai que de 8 millions vous êtes descendu à 6, de 6 à 4, de 4 à 3, de 3 à 2 ; mais encore 2 millions d'âmes font supposer au moins, en Algérie surtout, 3 à 400 mille chevaux. Hélas ! monsieur le maréchal, il en est de votre argument comme de votre réponse à M. *de Lamoricière*, que vous traitez *d'imprudent et de barbare*, parce qu'il propose le refoulement des Arabes (ce que nous demandons aussi, mais relativement). Vous vous apitoyez sur ces chers ennemis ! vous tireriez, au besoin, votre illustre épée pour les défendre contre de si coupables atteintes aux droits humanitaires.

Mais vous oubliez, vous, *monsieur le maréchal, duc d'Isly, gouverneur général, que vous avez fait étouffer deux mille Arabes, hommes, femmes, enfans et viellards* dans les grottes des *Ouled-Dria;* vous oubliez que vous avez donné des ordres pour que des expéditions de même nature fussent *rigoureusement suivies* chez *d'autres tribus*, dont nous vous dirions les noms que vous vous êtes bien gardé de publier ; vous oubliez que, dans certaines *razzias*, l'ordre fut donné par vous, ordre impératif, d'entourer la tribu condamnée et de ne laisser debout aucun être vivant ; vous oubliez encore que, dans ces *razzias* monstrueuses, les hommes sont fusillés, les femmes éventrées, les enfans et les vieillards égorgés. Ne dites pas non, monsieur le gouverneur général, nous pourrions citer des noms et des dates !

En vérité, à notre avis, les idées de *M. de Lamoricière* sont plus rationnelles, plus politiques et moins affreusement inhumaines, non pas que celles de M. le maréchal Bugeaud, mais que les faits que nous venons de signaler.

Mais nous nous laissons entraîner, continuons notre examen.

Les races bovines de Barbarie sont de petite taille, quoique robustes : le bœuf est bon travailleur, sobre et facile à améliorer par une nourriture plus en rapport avec ses labeurs, et surtout par l'habitation. Les Arabes ne laissent téter le veau que très-peu de temps, l'herbe qu'il cherche à brouter paralyse trop tôt ses organes digestifs ; il grandit, mais il est rachitique, et sa crue s'arrête faute d'alimens nutritifs.

C'est là le vice radical, c'est là la cause de la petitesse de la race : la vache ne recevant pas non plus une nourriture généreuse ne donne que très-peu de lait, et encore ne le donne-t-elle que pendant une période de beaucoup inférieure à celle de nos laitières normandes.

Rien ne fait présumer que les races européennes ne s'acclimateraient point en Afrique, seulement il paraît que leur croisement avec la race de Barbarie ne donnerait aucun résultat satisfaisant ; il ne faut, d'après les hommes compétens, attendre l'amélioration que de la bonne nourriture et des soins que l'on apportera aux veaux en les laissant téter plus longtemps et en les abritant mieux.

Pour la race ovine, nous aurons les mêmes observations à présenter ; les Arabes ne parquent point leurs moutons et ne les couvrent jamais, de sorte que les pluies qu'ils supportent produisent des épizooties qui enlèvent quelquefois un troupeau entier.

Comme chair de consommation, les races bovine et ovine n'approchent pas des nôtres, elles sont maigres, molles et sans suc.

Espérons que le gouvernement encouragera les efforts des éleveurs, et que des primes et des facilités seront accordées aux hommes qui voudront exploiter une industrie dont l'importance est si grande, et dont l'influence sur l'hygiène publique est de la plus haute gravité.

----

### POURQUOI LES COLONS NE VONT-ILS PAS EN ALGÉRIE ?

Avant de résumer tout ce qui précède et de donner nos conclusions, répétons ce que nous écrivions le 12 octobre dernier dans l'*Afrique* (*Esprit public*).

« Qu'on prenne une statistique quelconque de l'Algérie, et, au premier abord, on sera frappé de deux choses : l'immensité des ressources de ce pays, la faiblesse numérique de sa population européenne.

» Pourtant les chiffres diront, avec leur inexorable éloquence, quels sacrifices s'est imposés la mère-patrie ; on serait peut-être effrayé de cette addition de seize ans, où sont venus s'engouffrer cent mille soldats et douze cents millions ! on verrait ce qu'on a dépensé de projets, d'énergie, de bon vouloir, et que ce qui a brisé cette vitalité que la France porte en elle dans toutes ses conquêtes ; ce qui a été l'obstacle tenace, la pierre éternelle d'achoppement, c'est la répugnance du pouvoir.

» Certes, l'Algérie est une terre fertile ; les Romains l'ont proclamée telle avant nous. Sa longue étendue de côtes offre un avantage inappréciable pour le développpement et la suprématie de notre marine dans la Méditerranée, où se décidera un jour la grande question de la domination européenne. C'est une contrée vierge pour l'industrie ; les mines abondent, les cours d'eau sont nombreux ; le commerce y établirait de faciles débouchés, il aurait au nord la civilisation à raviver, au midi, la barbarie à conquérir. Nous laissons de côté l'influence politique, qui, bien dirigée, vaudrait une armée.

» Voilà donc un coin de l'Afrique, à deux pas de l'Europe, où tout est neuf, où tout est à faire, à exploiter, à organiser, — et il manque des bras pour la culture, pour l'industrie, pour le commerce ! il manque l'intelligence administrative pour diriger ces bras. Quant aux capitaux, l'agiotage les a précipités un instant dans ce gouffre ; mais ce n'a été qu'un accès de fièvre : les capitalistes font comme les travailleurs, ils se retirent le moins éclopés qu'ils peuvent, et surtout, dès qu'ils voient clairement que le gouvernement a des arrière-pensées.

» Au rebours de toutes les colonies naissantes, celle-ci, malgré les germes d'avenir qu'on y a prodigués, n'est qu'un fardeau pour la mère-patrie. Bientôt, si l'on n'y prend garde, on dira d'elle ce qu'on dit de l'Irlande vis-à-vis de l'Angleterre : l'Algérie est le cancer de la France. Avec la perspective d'une guerre continentale, rien ne serait plus malheureusement vrai. Les Etats-Unis ont doublé leur population en vingt ans ; le Mexique, le Texas, la Colombie, la Plata, toutes les républiques américaines, se peuplent rapidement aux dépens de l'Europe, qui, chaque année, leur jette un contingent énorme de travailleurs. Même résultat dans les colonies anglaises de l'Inde, de l'Océanie, de l'Afrique ; même prospérité croissante, et du moins elle n'y est pas une ironie.

» Quand la misère sévit trop fortement en Alsace, en Lorraine, dans les Flandres, en Irlande, en Norwége, pays ingrats où elle semble établie à demeure, les émigrans affluent dans les ports ; des villages entiers descendent vers la mer, emportant avec eux leur maigre patrimoine et l'image de la patrie. Mais où vont-ils ? L'Algérie est bien près, si près, que c'est presque l'Europe. Toutes facilités leur sont accordées pour s'y rendre ; des concessions devraient les y attendre ; la concurrence n'est pas à craindre, de bien longtemps encore ils ne seront pas assez ; et puis, ce nom magique de la France qui s'étend comme une égide sur cette colonie si chère, hélas ! — Tout cela n'est-il pas d'une influence irrésistible sur des populations ignorantes, qui ne demandent que des plaines à féconder pour échapper aux agonies de la faim ? Oui, ils iront en Algérie, mais quand on y trouvera cette seule garantie de colonisation : LA LIBERTÉ CIVILE. Oh ! c'est peu de chose, si peu que M. Bugeaud s'étonne de bonne foi qu'on lui reproche de l'avoir escamotée. Mais, pour les émigrans, c'est tout.

» Sans liberté civile, point de paix assurée. Car la tyrannie militaire s'agite et se retrempe dans un état d'hostilité, d'antagonisme perpétuel avec ce fantôme d'administration civile ; ce qui ôte à celle-ci toute velléité d'étendre et de protéger ses intérêts.

» Sans liberté civile, point de commerce. L'indépendance du citoyen garantit les efforts de l'industriel.

» Sans liberté civile, point d'avenir. Parler d'avenir pour l'Algérie telle qu'elle est, serait une dérision. Le jour où la France se retira d'elle, l'Algérie ne pourra se suffire à elle-même : elle sera ruinée.

» Voilà ce que savent ces populations ignorantes. La vérité se fait connaître à la longue, et c'est assez d'un colon désenchanté qui revient au pays, pour la dévoiler dans son effrayante nudité. Alors, les émigrans se détournent de cette terre qui n'a de français que le nom ; ils se dispersent dans les lointaines savanes de l'Amérique ; ils vont enrichir les possessions tributaires de l'Angleterre. C'est que là, ils savent y trouver des garanties de justice, de protection, de secours, d'encouragemens ; ils savent qu'ils seront à l'abri des licences prétoriennes d'une armée qui se sent absolue et se croit nécessaire ; ils savent que l'avenir sera assuré, parce qu'il n'y a pas une arrière-pensée d'abandon, une influence fatale qui entravera leur destinée. Ils savent enfin qu'ils seront ce qui n'existe que facticement en Algérie :

» Des hommes libres ayant pleine jouissance de leurs droits civils sous l'empire d'une législation commune. »

Nous ne pensons pas que M. le gouverneur général puisse, avec toutes ses théories, réfuter ce qui précède ; nous avons la conviction qu'il n'est pas un homme désintéressé dans la question qui ne pense comme nous. Nous n'en voulons pour preuves que les projets de colonisation de M. le général de *Lamoricière* ; l'honorable député de *Saint-Calais*, reconnaît lui, gouverneur de la province la plus remuante de l'Algérie, *que la colonisation civile* doit être encouragée par tous les moyens possibles ; il veut que des centres soient créés, il veut que la culture et les personnes soient protégées efficacement, il veut, en un mot, ce que repousse M. le gouverneur général : *le peuplement par des européens civils !*

Invoquons maintenant l'opinion de l'honorable général de Bourjolly, qui, lui, déclare :

*Que l'Algérie est pacifiée ! que l'armée peut-être sans danger diminuée de* 40,000 *hommes !* — N'est-ce pas proclamer formellement que le règne du sabre a fait son temps ; n'est-ce pas dessiller les yeux des Chambres et leur demander LA LIBERTÉ CIVILE pour les populations présentes et à venir ?

M. le gouverneur général sent lui-même qu'il ne peut prolonger plus longtemps la situation ; il abandonne déjà son projet de *colonisation militaire*, puisque, ces jours derniers, il écrivait au ministre de la guerre de ne pas le présenter aux Chambres et d'attendre à l'année prochaine.

M. le gouverneur général a subi un rude échec : espérons qu'il osera s'exposer à une déroute complète, en persistant dans son système de colonisation militaire.

Résumons-nous maintenant, et espérons que les Chambres reconnaîtront enfin que leur devoir et les intérêts de la France, leur font une loi de mettre un terme à des scandales et à des sacrifices qui indignent et écrasent le pays.

## CONCLUSION.

Nous ne voudrions pas que l'on tirât des faits que nous avons énumérés des argumens contre le pays que nous défendons ; nous avons, en signalant les fautes du pouvoir militaire et les erreurs du Gouvernement, voulu faire connaître la situation réelle de l'Algérie et les causes qui l'ont produite.

Si au lieu d'abandonner ce magnifique pays à l'anarchie des administrations, si, au lieu d'avoir centralisé l'action dirigeante à Paris, puis à Alger, on avait rendu les administrations de chaque province indépendantes de celle de la capitale algérienne, et tributaires seulement du pouvoir central ; si, au lieu de prodiguer nos trésors à l'élément militaire, on avait songé à commencer les grands travaux des ports, des routes et de l'assainissement ; si enfin, au lieu de produire une législation bâtarde, mobile et capricieuse, on s'était tout simplement attaché à suivre nos principes organisateurs, notre législation, fruits de cent générations, l'Algérie serait aujourd'hui peuplée de 5 à 600 mille européens, l'armée n'aurait plus qu'à jouer un rôle secondaire, le pays serait pacifié, actif et florissant.

Nous concluons donc, ainsi que nous le faisions le 12 octobre 1846, dans notre premier article du journal l'*Afrique* (*Esprit public*) :

« 1° L'Algérie est écrasée sous un régime d'arbitraire et de corruption. Le pouvoir militaire est odieux, anormal, anti-progressif. Avec lui pas d'administration régulière, pas de justice réelle, pas de colonisation possibles.

» Que ce pouvoir disparaisse du premier plan, et qu'il cède la place à une administration équitable, juste, protectrice et rationnelle.

» 2° Que la législation française soit proclamée, que l'inamovibilité de la magistrature vienne donner sécurité aux justiciables et porter la foi et l'espérance de la justice dans tous les cœurs.

» 3° Que toutes les directions et la direction générale de ces directions fassent place à une organisation simple de préfets et sous-préfets, de conseils coloniaux et de conseils municipaux, qui enfin administreront et sauront tirer parti des ressources du pays, ressources jusqu'ici gaspillées scandaleusément.

» 4° Que toutes les affaires ressortent des ministères de France, et que les provinces ou départemens algériens ne soient point tributaires de leur métropole.

» 5° Que des fonds suffisans soient demandés aux chambres pour terminer ou créer les travaux si importans et si nécessaires des ports, des routes, des hôpitaux, des églises, des tribunaux, des salles d'asile, des prisons, des caravansérails, qui n'existent ni à Alger, ni à Oran, ni à Bône, ni à Constantine, ni à Philippeville, ni dans aucune des villes de l'intérieur.

» 6° Que des fonds suffisans soient affectés à l'assainissement des plaines, à la création de villages, qui formeront des barrières impénétrables à la rébellion des Arabes, et rendront, par la suite, la présence d'une armée inutile.

» 7° Que la malheureuse ordonnance du 21 juillet dernier soit immédiatement rapportée, et que les terres incultes occupées par quelques misérables douars soient distribuées, ou à des Arabes travailleurs ou à des Européens.

» 8° Que la *Rassauta* soit livrée à la colonisation européenne; que la culture soit protégée, soit par des primes, soit par des droits, de façon que les produits des colons puissent lutter avec ceux de l'extérieur et ceux des indigènes.

» 9° Que la question des cimetières soit résolue, et que toutes les propriétés urbaines, légitimement possédées par des actes de notoriété, soient remises aux mains de leurs possesseurs.

» 10° Que les indemnités, par suite d'expropriation pour cause d'utilité publique, soient réparties consciencieusement, et liquidées avec promptitude et justice.

» 11° Que le paiement des deux ou trois millions dus à la place d'Alger, par le génie ou par l'administration civile, soit immédiatement effectué à leurs créanciers.

» 12° Que le comptoir de la Banque de France soit promptement créé, et qu'il fonctionne sous la protection d'un pouvoir équitable et moral.

» 13° Que le chemin de fer d'Alger à Blidah, depuis si longtemps promis, soit enfin mis à exécution.

» 14° Qu'une caisse hypothécaire, un mont-de-piété, avec des succursales dans les provinces soient autorisés.

» 15° Que les offices ministériels soient légalement institués.

» 16° Que les gardes nationales, avec droit électif, soient promptement organisées, et en dehors de l'autorité militaire.

» 17° Qu'une route de *Bougie* à *Sétif* soit percée, et qu'ainsi une partie de la Kabylie soit soumise par la facilité des communications et des mouvemens de l'armée.

» 18° Que les maires et les conseils municipaux rentrent dans une organisation semblable à celle de la France.

» 19° Que la franchise des ports de l'Algérie soit accordée à toutes les marchandises et denrées que ne produisent ni l'Afrique ni la France.

» 20° Que la liberté de la presse soit accordée.

» 21° Qu'enfin et surtout le gouvernement proclame hautement son désir de conserver l'Algérie et son intention de la défendre contre tous ses ennemis ostensibles ou secrets.

» Alors seulement que le pouvoir aura, par de semblables manifestations, déclarations, actes d'activité ou de volonté, prouvé son désir de bien faire et son patriotisme, nos éloges remplaceront nos critiques.

» Alors seulement il aura le droit de frapper les colons dont les propriétés resteraient incultes, il aura le droit de s'emparer des terres que la spéculation laisserait stériles, en attendant l'occasion de les vendre avec bénéfices. »

Si maintenant les chambres trouvent nos conclusions, *partagées, du reste, par la* PRESSE *le* COURRIER FRANÇAIS, *et tant d'autres organes d'opinions politiques divergentes*, trop larges, trop radicales, qu'elles les modifient, qu'elles créent un ministère spécial, s'il n'y a que ce moyen de vaincre certaines résistances ; mais qu'au moins elles jettent un coup-d'œil de pitié sur la plus riche colonie de la France ; qu'elles prennent en considération tous les sacrifices en hommes et en argent, que, depuis seize années, on fait suer à la nation ; qu'elles aient enfin, pour une population de 120,000 Européens, un peu plus de sollicitude, et que cette population, active et courageuse, puisse respirer, travailler, et vivre sous un gouvernement moral, protecteur et éclairé.

Le pouvoir militaire, c'est la continuation de l'état actuel des choses, c'est 120 millions et 10,000 soldats par année qu'il faudra sacrifier pendant trente ans encore.

Le pouvoir civil, c'est l'extension du commerce, de l'industrie, de l'agriculture ; c'est le dégrèvement du budget, c'est la création en dix années d'un riche et puissant pays, qui viendra partager les charges de la métropole ; c'est, en un mot, rendre à la nation française les 1,200 millions qu'elle a déjà semés dans le nord de l'Afrique.

Cette seule phrase fera bénir le gouvernement qui en aura proposé l'adoption, et la législature qui l'aura approuvée : *l'Algérie est assimilée au territoire français!!*

A. WARNERY (1),

*Ex-rédacteur en chef de l'*AFRIQUE (Esprit public),

Et *directeur de l'*OFFICE-CORRESPONDANCE ALGÉRIENNE,

**Dont les Bureaux sont :**

A PARIS, rue d'Enghien, 25 ;
A ALGER, rue René-Caillé, 11, chez MM. MEYMAC et DELAMARRE.

(1) Sous presse, par le même :
MOBILISATION *de la propriété immobilière de l'Algérie.*